Paul Lester

P!NK – Zwei Gesichter

Aus dem Englischen von Alan Tepper

Paul Lester

P!NK
ZWEI GESICHTER

Aus dem Englischen von Alan Tepper

hannibal
www.hannibal-verlag.de

Impressum

Der Autor: Paul Lester hat die beiden vielgelobten Biografien über die Postpunk-Legenden Gang Of Four und Wire geschrieben. Darüber hinaus verfasst er Artikel für zahlreiche Magazine und Zeitungen, darunter den *Guardian*.

Deutsche Erstausgabe 2010

Titel der Originalausgabe:
"Split Personality – The Story Of P!NK" © 2009 Omnibus Press,
A Division of Music Sales Limited, London.
ISBN: 978-1-84938-060-7

Druck: CPI Books, Ebner & Spiegel GmbH, Ulm
Coverfotos: © F. Scott Schafer / Corbis Outline
Coverdesign: Bold Graphic Design
Layout und Satz: Thomas Auer, www.buchsatz.com
Übersetzung: Alan Tepper
Lektorat und Korrektorat: Aulo Verlagsservice

Hannibal Verlag, ein Imprint der KOCH International GmbH, A-6604 Höfen
www.hannibal-verlag.de

ISBN: 978-3-85445-320-8

Printed in Germany

INHALT

EINLEITUNG

Pink war niemals pink! Es gibt nichts besonders Süßes oder Mädchenhaftes an der Sängerin, Songwriterin und Performerin, die in den ersten zehn Jahren des neuen Millenniums zu einem Teil unseres Pop-Lebens wurde. Sie schwebt nicht auf zartrosa Wolken, sondern steht mit beiden Beinen fest auf dem Bühnenboden, allzeit bereit, der Menge ihre harten Popsongs entgegenzuschleudern.

Der Name ist strenggenommen eine Mogelpackung. Daraus resultierte, dass sie viele zu Beginn ihrer Karriere falsch einschätzten und sie als ein weiteres Zuckerpop-Starlet betrachteten. Dabei hat die Musikerin viel mehr Gemeinsamkeiten mit Janis Joplin, der von ihr über alles verehrten Sixties-Ikone, als mit einem dieser Girlies, die kurz auf der Bildfläche erscheinen und schon am nächsten Tag spurlos verschwunden sind. Die tätowierte Pink rast auf dem Motorrad durch die Straßen, fuchtelt mit Waffen herum, nimmt niemals ein Blatt vor den Mund und gehört zu den bedeutendsten Interpreten rockiger Popmusik und poppigen Punks. Schon mit 16 Jahren wäre sie beinahe an einer Überdosis gestorben, nachdem sie mit fast jeder Droge experimentiert hatte, die Chemiker kennen. Was ich eigentlich sagen möchte: In Bezug auf die Attribute des Rock'n'Roll lässt sie Janis wie eine Britney aussehen, aber Ms Spears ist ja heute auch nicht mehr die Verkörperung der sauberen und anständigen Pop-Nachtigall. Oder lässt sie Janis vielleicht wie Beyoncé erscheinen? Ja, dieser Vergleich passt wohl fürs Erste.

Pink hat die Messlatte für die ganzen ungezogenen Ex-Teen-Pop-Königinnen der ersten Dekade des neuen Jahrtausends höher gelegt – oder tiefer, je nach Blickwinkel. Ich habe mir beim Schreiben dieses Buches all ihre Alben immer wieder intensiv angehört. Dabei fiel mir auf, dass Pink immer Pink gewesen ist, auch in ihrer Anfangszeit, in der sie noch im modernen R'n'B-Segment vermarktet wurde. Damals erschien sie wie eine Marionette der mächtigen, manipulativen Strippenzieher des Dance-Pop. Doch dann riss sie die Kontrolle über ihre Karriere an sich und wurde zu der knurrenden Punk-Göre, die wir heute kennen und lieben. Schon allein ein flüchtiger Blick auf die Titel ihres Debüts *Can't Take Me Home* (2000) lassen erahnen, dass der Stilwechsel zum Nachfolger *M!ssundaztood* doch nicht so dramatisch war, wie es schien. „Split Personality", „Hell Wit Ya", „Save My Life", „You Make Me Sick" und „Let Me Let You Know" – auf den ersten Blick mögen das alles Titel aus dem Poptext-Baukasten sein, bei genauerer Betrachtung handelt es sich aber um frühe Hinweise auf die gequälte Seele einer der erfolgreichsten Künstlerinnen unserer Tage, der es gelang, ein Publikum anzuziehen, eben weil sie nie von ihrer schlimmen Kindheit und wilden Jugend loskam.

Falls Pink durch Attribute wie „gequält" und „erfolgreich" charakterisiert werden kann, so muss doch auch noch ein dritter Begriff erwähnt werden: Ehrlichkeit! Sie hat sich niemals wegen ihrer Vergangenheit und ihrer Probleme versteckt, sondern sie künstlerisch ausgedrückt und dargestellt – und das mit einer fast schon chirurgischen Präzision. Dadurch ermöglichte sie einen tiefen Einblick in ihre Arbeit und machte sich gleichzeitig zu einer interessanten Persönlichkeit, die man bei all ihren Kapriolen gerne und mit Spannung beobachtet. Heutzutage wird die Popmusik von Promotern dominiert, die ihren Schützlingen die Worte in den Mund legen und darauf achten, dass diese nicht zu viel von sich preisgeben – in der knappen Stunde eines Interviews, die Journalisten in einer sterilen Hotelsuite gewährt wird. Pink zählt zu den wenigen Popstars, die nicht gezähmt werden können, die sich nicht den Mund verbieten lassen, und spricht das Unsagbare aus, oft sogar, wenn die Speichellecker der Plattenfirma es am wenigsten erwarten.

Sie redet in Superlativen und Extremen, als wäre jeder Schritt, den sie macht, emotional ermüdend und schmerzhaft – so als müsste sie sich durch die Wortwahl einen Adrenalinkick verschaffen. Sich treu bleibend „bis zum bitteren Ende", wie sie es nennt, wurde sie schon früh auf die Probe gestellt. Sie verließ die Girl-Group, mit der alles begann, und bezeichnete das als „verdammt hart" und als „die schwierigste Entscheidung meiner gesamten Karriere". Sie fand sich plötzlich in der „schlimmsten Situation meines Lebens" wieder.

Schon früh in ihrer Laufbahn tritt uns das verwirrte Mädchen entgegen, das bereits mit 14 ihre ersten Songs schrieb. Das gestylte „Chamäleon", das sich die Haare grün färbte und rückwärts aus dem Klassenzimmer ging, um die Aufmerksamkeit auf sich zu ziehen, schien in der einen Minute Gospel in einem Kirchenchor zu singen und schon einen Augenblick später als „weißes Mädchen" mit einer R'n'B-Truppe aufzutreten. Doch sie tanzte auch in den Nachtclubs von Philadelphia, sang die Backing-Vocals für die Hiphop-Band School Of Thought oder schrie sich die Seele in einer der zahlreichen lokalen Punkbands aus dem Leib.

Wenn man mit Pink spricht, ist die Rede meist auch von Sex. Klar, denn wenn jemand einen Song wie etwa „Fingers" (über Masturbation) schreibt, sollte man sich nicht wundern, wenn bohrende Fragen zu den privaten Vorlieben gestellt werden. Auch auf ihren

Platten beschreibt sie die vielfältigen Formen des Sexlebens, von ihren lesbischen Tendenzen bis hin zur Größe der „Schlange" ihres Ehemanns – typisch Pink eben.

Wenn bei einem Gespräch Drogen erwähnt werden, dauert es nicht lange, bis sie von ihren ehemals bizarren Gewohnheiten berichtet: „Verdammte Scheiße", knurrte sie in einem Interview, sich an ihren ersten Amsterdam-Besuch erinnernd. „Ich war 19 und fuhr direkt vom Flughafen zum Bulldog Café, kaufte mir Tausende Tütchen Gras, zog sie alle durch und ging danach auf die Bühne. Es war eine Fernsehsendung und ich stand bei der Aufzeichnung kurz vor dem Kollaps. Die Produzentin kam zu mir und meinte ganz freundlich: ‚Könnten Sie das bitte wiederholen, denn es war der schlechteste Auftritt, den ich während meines ganzen Arbeitslebens gesehen habe.' Ich starrte sie an und fragte: ‚Was wiederholen?' Erst beim Essen nach der Show wachte ich aus meinem Halbkoma auf."

Auch bei der Selbstreflexion geht Pink schonungslos aufs Ganze: Niemand versucht sich seine Defizite, seine Widersprüchlichkeiten und seine Wut intensiver auszutreiben als sie, sowohl in Interviews als auch in Songs. Sie hat eine höchst erfolgreiche Karriere auf ihrer schlimmen Kindheit aufgebaut, ist sich aber bewusst, nicht die einzige zu sein, die solche Traumata erleben musste. „Ich habe meinen Dad vier Mal im Leben weinen gesehen, darunter das eine Mal, als ich ihm [meinen Song] ‚Family Portrait' vorspielte. Meine Mutter weinte tagelang und machte daraus eine große Sache: ‚Ich wusste nicht, dass dich das so mitgenommen hat – lass uns reden.' Ich beruhigte sie: ‚Hey, es war doch nur ein Song. Mir geht es gut!'"

Meistens schlägt Pink aber härtere Töne an. Nachdem sie sich bei den MTV Awards geweigert hatte, die Queen of Pop – Madonna – zu küssen, giftete sie: „Ich bin doch nicht Madonnas Schlampe." Die Seiten der Gay-Bibel *Attitude* hingegen wurden für sie zu einer Plattform, um feministische Themen in aller Deutlichkeit anzusprechen. Wenn Pink angegriffen wird, kann sie schnell parieren. Als sie ihre Nacktheit (in Videos oder bei Foto-Shootings) künstlerisch einsetzte und danach auf heuchlerische Anschuldigungen reagieren musste, da eine Feministin nach landläufiger Meinung so etwas nicht darf, erwiderte sie, in der für sie so typisch unterhaltsamen Art: „Entertainment wird manchmal nur wegen des Entertainments gemacht – und das ist okay." In diesem Buch wird Pink Sie hoffentlich gut unterhalten und gleichzeitig einen Eindruck ihrer Bedeutung nicht nur als Entertainerin, sondern auch als komplexe, facettenreiche, oft verwirrende Persönlichkeit vermitteln. Als einer Künstlerin, deren reale Erfahrungen oft in die Musik einfließen und deren Musik das chaotische Durcheinander ihres Lebens widerspiegelt.

Paul Lester, März 2010

KAPITEL 1

PORTRÄT EINER FAMILIE

„Für mich ist das witzig. Die Leute dokumentieren alles, was ich jetzt anstelle, und denken, dass ich eine abgedrehte, verrückte und durchgeknallte … was auch immer bin. Im Vergleich zu früher bin ich aber wirklich zahm."

Pink war nicht immer Pink, oder genauer gesagt: P!nk, die frühreife, elektrisierende R'n'B-Diva, die sich in eine provozierende, sexuell aggressive, weltweit berühmte Shock-Pop-Rockerin mit unnachgiebiger Haltung verwandelte. Eine Frau, die ihre Wut über dümmliche Girlies und George W. Bushs unrühmliche Kriegstreiberei herausschreit und über Masturbation singt. Ein Star, dessen Gesicht von den Medien stets mit einem mysteriösen, angedeuteten Lächeln gezeigt wird oder deren Lippen sich zum Schreien, Knurren oder zu einem mürrischen Ausdruck verzerren.

Die zweifache Grammy-Gewinnerin, die Millionen Platten verkauft, singt, Songs schreibt (und manchmal auch schauspielert), wurde als Alecia Beth Moore am 8. September 1979 in Doylestown, Pennsylvania, geboren. Ihren Spitznamen bekam sie schon früh, obwohl die Berichte zu seinem Ursprung variieren. Möglicherweise lässt sich der Name auf einen krassen Zwischenfall in ihrer Kindheit zurückführen, bei dem sie sich in einem Ferienlager nackt auszog und dann vor Scham „pink" anlief. Die Sängerin deutete auch an, dass der Name auf Mr. Pink zurückgeht, einer Figur aus *Reservoir Dogs* von Quentin Tarantino, einem ihrer Lieblingsfilme. Vielleicht bezieht sich Pink aber auch nur auf die Tönung, mit der sie sich, seitdem sie zehn war, regelmäßig die Haare färbt.

Was auch immer der Wahrheit entsprechen mag – P!nk hat sich durchgesetzt und niemand spricht sie heute noch mit ihrem bürgerlichen Namen an. Wenn dann doch Fremde einmal den Namen fallen lassen, schreckt sie zurück, fast so, als wolle sie nicht mehr an das Mädchen erinnert werden, das sie einmal gewesen ist.

Doylestown, wo die Familie Moore – Pink, ihre Mutter Judy Moore (geborene Kugel), ihr Vater James Moore Jr. und ihr älterer Bruder Jason – lebte, war ein kleines Städtchen, 35 Meilen nördlich von Philadelphia gelegen, das nur knapp 10.000 Einwohner hatte, von denen ein Großteil zur Arbeiterklasse gehörte. Dort besuchte Pink die Kutz Elementary School, die Lenape Middle School und schließlich die Central Bucks West High School. Sie fiel immer auf, stach aus der Menge hervor. Die burschikose Musikerin, die auf Guns N' Roses stand, erinnert sich daran, dass sie schon von frühester Jugend an provozierte: „[Ich] hatte mein Haar grün gefärbt und meine Klamotten verkehrt herum angezogen, nur um beim Betreten eines Raumes die Aufmerksamkeit auf mich zu ziehen.“ Sie beschreibt ihre „Sippe“ als „die normale, durchschnittliche, absolut fertige und kaputte Familie“. Ein bezeichnender Hinweis auf ihre Kindheit und Jugend findet sich in dem vernichtenden Text der sicherlich auf autobiografischen Erlebnissen beruhenden Hit-Single „Family Portrait“ (2002). Sie singt darüber, dass ihre Mutter immer weinte und der Vater immer schrie – ein Szenario, das ihr das Gefühl gab, als würde sie „während des Dritten Weltkriegs aufwachsen“. Ihre Eltern bekämpften sich unbarmherzig – ohne jegliche Nachsicht. Obwohl ihre Kindheit, so wie sie auf dem Album *M!ssundaztood* (2001) beschrieben wird, durch und durch schrecklich war, sind doch auch einige schöne Erinnerungen aus dieser Zeit geblieben. „Das Campen! Mit meinem Bruder durch den Wald zu laufen! Dort gab es eine zehn Meter tiefe Grube, in die man durch den Schlamm herunterrutschen konnte, was wir auch gemacht haben. Wir sind vor Lachen fast gestorben – das hat so viel Spaß gebracht."

Über die Jahre hat sie sich aber mit ihren Eltern, deren Vorfahren aus Irland, Deutschland und Litauen stammten, ausgesöhnt – einer Mutter jüdischer Herkunft, die als Krankenschwester in der Notaufnahme Dienst tat, und ihrem katholischen Vater, einem Vietnam-Veteranen, der sich zum Chef einer Versicherungsgesellschaft hocharbeitete. Mittlerweile weiß sie auch einige positive Dinge zu berichten – zumindest manchmal …

„Ich war viele Jahre lang sehr wütend", erklärte sie einem Reporter 2006. Heute sind Pink und ihre Mutter „unzertrennlich", aber während ihrer Jugend „kam sie einfach nicht mit mir klar. Jetzt kommen wir gut miteinander aus, aber damals war das verdammt hart. Ein Großteil der Wut, die ich mit meinen Songs ausdrücke, kommt von der Traurigkeit, die ich als Kind erlebte."

Der verheerende Einfluss, den die Scheidung der Eltern auf die schüchterne, sensible und verletzliche Pink im Alter von neun Jahren hatte, ist nicht zu leugnen. Wie sie sich erinnert, war das genau der Zeitpunkt, an dem ihr Leben aus dem Ruder lief.

„Die Beziehung zu meinen Eltern ist heute besser als jemals zuvor", gibt sie zu, ohne den Nachsatz zu vergessen, dass „jeder von seinen Eltern psychisch missbraucht wird. Ist es nicht genau das, was bei Eltern vermutet wird? Ich wollte [aber] nicht, dass mein Vater uns verlässt, und so stritt ich mich mit meiner Mutter."

„[Es begann] im Alter von neun Jahren", bestätigt sie den Zeitpunkt des Beginns ihrer aufmüpfigen Jugendjahre. „Ich bin froh, dass alles schon so früh anfing, denn jetzt bin ich entspannt und mit mir im Reinen."

Ihre Teenagerzeit war aber alles andere als entspannt. Während dieser Phase lebte sie bei jedem Bekannten, der ihr Unterschlupf bot. Sie sah dabei zu, wie ihre Freunde das Leben mit Alkohol und Drogen verschwendeten und an sich vorbeiziehen ließen. Eines Nachts wurde sie sogar mit einer Waffe bedroht, konnte die Situation aber entschärfen und ins Lächerliche ziehen, indem sie dem Angreifer klar machte, dass er einen starken Mundgeruch hatte!

Nach der Trennung der Eltern zog Pink zuerst bei ihrer Mutter ein, danach bei ihrem Vater. Eine Zeit lang lebte sie mal hier, mal dort. Ihre Mutter hatte schwer zu kämpfen, um die zunehmend aufsässiger werdende Tochter zu bändigen. Wann Pink mit dem Rauchen anfing, ist nicht sicher, aber Berichten zufolge ging es mit den Zigaretten schon mit neun Jahren los, gefolgt von Marihuana mit zehneinhalb. Sicher ist aber, dass sie im Alter von zwölf mit den „bösen Jungs" aus der Nachbarschaft abhing und schon bald, nachdem sie die Schule verlassen hatte, ihren Körper mit Tattoos und Piercings verzierte und harte Drogen auszutesten begann.

Mit 14 wurde der rebellierende Teenager, der ernsthaft die Meinung vertrat, dass es Kindern ab elf Jahren erlaubt sein sollte, mit Ecstasy zu experimentieren, von ihrer Mutter zu einem Therapeuten geschleppt. Sie erzählte ihm „allen möglichen abgedrehten Scheiß. Wenn er mich fragte, was ich an dem Tag so gemacht hatte, antwortete ich: ‚Oh, ich habe mir vorgestellt, eine Flasche zu zertrümmern und mit einer Scherbe dem Lehrer die Kehle aufzuschlitzen.'"

Mitten in der Pubertät hatte sich Pink zu einem sogenannten „wandelnden Pulverfass" entwickelt. Ihre Persönlichkeit vereinte unterschiedliche Tendenzen – eine beängstigende Unreife gepaart mit einem ungewöhnlichen, frühreifen Verhalten. Das ging sogar so weit, dass sie sich in der örtlichen Bibliothek informierte, wie viele verbotene Rauschmittel man konsumieren konnte, ohne sich dabei umzubringen.

Leider konnte dieses vernunftorientierte Verhalten sie nicht davon abhalten, mit 16 den selbstzerstörerischen Weg fast bis an sein Ende zu gehen. An Thanksgiving 1995, zwei Jahre nach dem durch eine Überdosis verursachten Tod des Schauspielers River Phoenix vor dem Viper Room in Hollywood, schlich sich Pink in einen Nachtclub in Philadelphia. Ganz offensichtlich hatte sie nicht nur Bier getrunken und Marihuana geraucht, sondern auch verschiedene andere Drogen eingeworfen – Crystal Meth, Ketamin, Angel Dust, Ecstasy, Kokain – und Distickstoffmonoxid eingeatmet, besser bekannt als Lachgas. Danach schluckte Pink LSD, Mengen an LSD. Plötzlich verfärbten sich ihre Lippen blau. Sie legte sich auf den Boden und stellte sich darauf ein, dass ihre letzte Stunde auf Erden geschlagen hatte.

Das grundlegende Problem bestand darin, dass ihr gesamtes Umfeld aus Drogenabhängigen bestand. Alle Freunde waren, wie Pink unverblümt erzählt, „auch absolut abgefuckt". Für Kids ihres Alters stellte der Konsum toxischer Substanzen ein völlig normales Gebaren dar. Sogar der Tod einiger Bekannter, verursacht durch anhaltenden Drogenmissbrauch, konnte sie nicht davon abhalten, einfach weiterzumachen.

„Mein Leben war der totale Wahnsinn", erzählte sie 2006 der Journalistin Caroline Graham, „aber ich habe niemals an den Tod gedacht – obwohl ich zu den Beerdigungen von drei Freunden ging, die alle an einer Überdosis Heroin gestorben waren … Ich musste mit ansehen, wie sie an Drogen verreckten. Auf einem Friedhof zu stehen, zu sehen, wie der Sarg deines Freundes in das Grab hinabgelassen wird – man sollte meinen, dass das eine heilsame Wirkung hat und dich von Drogen abhält, aber das funktionierte nie."

Letztendlich hatten die Geschehnisse dieser schicksalhaften Nacht im November 1995 aber doch ihre Auswirkungen, denn glücklich darüber, überlebt zu haben, schwor sie, fortan die Finger von Drogen zu lassen und clean zu werden. „Ich ging nicht in eine Entzugsklinik oder zu den Anonymen Drogensüchtigen. Ich habe einfach damit aufgehört, denn mein Leben als Sängerin lag mir am Herzen. Das ist ein Job, bei dem eine starke Selbstkontrolle sehr wichtig ist."

Nicht dass sie ihren wilden Eskapaden damit abgeschworen hätte – weit gefehlt! In einem Gespräch mit der Journalistin Louise Gannon gibt Pink zu, dass sie ihren Eltern verdammt viele Probleme machte. „Ich war genau das Kind, das jeder Mutter die schlimmsten Albträume bereitet. Ich war wütend, war verwirrt, war wild und überall, wo ich auftauchte, gab es Ärger. Ich flog von der Schule. Ich wurde so oft verhaftet, dass meine Mutter jeden Polizeibeamten Philadelphias namentlich kannte! Mein Verhalten kam teilweise von dem Gefühl, nirgendwo dazuzugehören, aber auch von meinem Charakter – ich bin eben von Natur aus eine Rebellin. Ich machte das, wozu ich Lust hatte, ohne dabei an die Konsequenzen zu denken – meistens brachte das auch eine Menge Fun."

Ihrer Mutter hingegen überhaupt nicht! Als ihr klar wurde, dass sie Pink nicht mehr länger bändigen konnte, schickte sie das junge Mädchen zu ihrem Vater, um bei ihm zu wohnen.

Jim Moore war ein politisch engagierter Vietnam-Veteran und seine zweite Frau, Pinks Stiefmutter, arbeitete ebenfalls als Krankenschwester. Sie pflegte im Krieg Verwundete. Nachdem Moore jahrelang den Horror, den er in Südostasien erlebte, verleugnet und verschwiegen hatte, entschied er sich im Alter von 40 Jahren zu einer Therapie. Er wollte die Dämonen austreiben, mit denen er seit der Rückkehr aus dem Krieg kämpfen musste, und so entschied er sich zur Gründung einer Selbsthilfegruppe mit dem Namen „Vietnam Veterans Chapter 210 of Bucks County". Das Ziel lag darin, Benefizveranstaltungen zu organisieren und Hilfe in Form von Gruppentherapien für alle Veteranen des Bezirks zu ermöglichen. Bis zu ihrem zehnten Lebensjahr ging Pink auch zu diesen Treffen, wo sie voller Erstaunen sah, wie erwachsene Männer zusammenbrachen und wie kleine Kinder weinten. Manchmal half sie ihrem Vater auch bei der Essensausgabe in Suppenküchen oder nahm an Protestmärschen für die Rechte der Veteranen teil. Statt gelangweilt oder sogar schockiert zu sein, faszinierten diese ganzen Aktivitäten das junge Mädchen. „Ich liebte diese Zeit, denn sie gab mir das Gefühl, über glühende Kohlen zu gehen – richtig zu leben."

Pinks Vater war ein übermächtiger Charakter, den sie wahlweise als „blöden Arsch", „unglaublich stark" oder „durchgeknallt" beschrieb. Andererseits hat sie von ihm respektvoll als Sportschützen und Biker gesprochen und sein Wissen und seine Erfahrung in Karate und „Guerillakriegsführung" hervorgehoben, wie auch seinen Spleen, in der Garage – aus was für einem Grund auch immer – einen Haufen Raketenwerfer zu lagern.

Während Pinks Mutter die nötige Härte vermissen ließ, stellte ihr Vater, eine ernsthafte, autoritäre Persönlichkeit, im Umgang mit seiner starrköpfigen und unbeugsamen Tochter das genaue

Gegenteil dar. Die beiden stritten sich heftig. Trotzdem hatte Pink den größten Respekt vor ihrem Vater. „Ich habe nie an Autoritäten geglaubt. Ich wusste immer, was ich wollte. Ich mochte ganz einfach keine Regeln", erzählte sie dem *Guardian* 2006. „[Aber] ich respektiere meinen Vater, denn wenn ich es nicht getan hätte, wäre ich durch eine Wand geflogen. Bei ihm gab es eine klare Linie und das konnte ich respektieren. Wenn er mich warnte, zählte er immer bis drei, aber ich habe ihn höchstens bis zweidreiviertel kommen lassen. Bei Jim Moore traust du dich nicht, Scheiß zu bauen – das machst du einfach nicht."

„Er konnte dir eine gehörige Abreibung verpassen, dich zum Lachen bringen oder dir etwas beibringen. Er war schon ein cooler Typ", ergänzte sie.

Mit dem Gefühl dieser kindlichen Begeisterung, vielleicht sogar Verehrung, beschreibt sie ihn als ihren „ersten Rockstar" (auf dem Album *I'm Not Dead* aus dem Jahr 2006 sangen die beiden dann übrigens den Song „I Have Seen The Rain" zusammen). Tatsächlich war es auch Moore, der Pink inspirierte, denn er erkannte frühzeitig, dass sie eine kräftige Gesangsstimme besaß, trotz eines Asthmaleidens während ihrer gesamten Kindheit. Er hatte ihr schon von früh an Songs auf der Gitarre vorgespielt und dabei gesungen, was in Pink den Wunsch weckte, auch selbst zu performen.

Sie erklärt sich sein aufbrausendes Temperament und das exzentrische Gebaren nicht als Resultat der Erlebnisse in Vietnam, vielmehr war der Krieg in Asien, für den er sich freiwillig gemeldet hatte, eine Möglichkeit, seiner zerrütteten Herkunft zu entfliehen. Pink behauptet, dass ihr Vater als Kind missbraucht wurde und in seiner katholischen Schule leidvolle Erfahrungen machen musste.

Die Sängerin ließ durchblicken, dass auch sie während ihrer Kindheit zu einem Missbrauchsopfer wurde, obwohl sie sich standhaft weigert, den Verantwortlichen zu nennen oder zu offenbaren, ob es sich um emotionalen, physischen oder sexuellen Missbrauch handelte. Sie gab aber zu, dass darin der Grund für ihr kriminelles Verhalten als Jugendliche lag.

„Ich war missbraucht worden, war hasserfüllt und rebellierte … [Aber] darüber möchte ich nicht reden“, erklärte sie dem *Mail On Sunday's Live Night & Day*-Magazin. „Jeder wird irgendwann einmal in seinem Leben emotional missbraucht. Zu den anderen Arten des Missbrauchs – kein Kommentar.“

Dies war einer der wenigen Anlässe, bei denen sich Pink – einer der offensten, geschwätzigsten und ehrlichsten Popstars dieses Planeten – vehement weigerte, alles zu enthüllen.

Was auch immer die Details des Missbrauchs anbelangt, in einer Hinsicht haben die Qualen und Leiden Pink nicht aus der Bahn geworfen. Durch die Erlebnisse hat sie ein unbeugsames Durchsetzungsvermögen erlangt – den Willen, Erfolg zu haben und eine Karriere praktisch aus dem Nichts zu starten. Für einen Teenager, der sich mit 16 von Zuhause losreißen wollte, regelmäßig verschwand und vom Vater gesucht werden musste, ist das eine reife Leistung.

Pink erlebte den Drogentod naher Freunde. Aber erst die Aussicht, die Kontrolle über ihr Talent zu verlieren, indem sie den unvermeidbaren Weg gehen würde, veranlasste sie dazu, ihre gefährlichen und schlechten Gewohnheiten abzulegen. Zudem wurde ihr schnell klar, dass wenn sie erst einmal in der Musikindustrie auf der Karriereleiter nach oben steigen würde, kein Drogenrausch dieses Gefühl der Hochstimmung ersetzen kann.

„Ich sammelte meine ganze Energie und steckte sie in die Musik. Einen Plattenvertrag zu ergattern, gab mir einen viel intensiveren Kick als jede Droge, die ich genommen hatte. Ich hatte so viel auszudrücken. Ich wollte einfach raus damit, musste stark und konzentriert sein – und so hat sich das mit den Drogen erledigt."

Beeinflusst von fast jedem Musiker von Bette Midler, Billy Joel, Madonna und Janis Joplin über Don McLean bis hin zu den Rappern 2Pac und Notorious B.I.G., drückte sich Pink schon seit frühester Jugend durch Musik aus. Ihre Texte ließen eine gequälte Seele vermuten. Später beschrieb ihre Mutter diese frühen künstlerischen Emanzipationsversuche: „Die Texte wirkten durch die introspektiven Aussagen. Einige wirkten sehr düster und gingen unter die Haut, was mich schon ängstigte."

Pink mag damals verwirrt und von zahlreichen Persönlichkeitskrisen geplagt gewesen sein, doch sie war während ihrer „Krisenjahre" immer noch in der Lage, sich so weit zusammenzureißen, dass sie mit 14 in Clubs in Philadelphia aufzutreten begann. Vielleicht war die Sängerin damals die Quintessenz des Außenseiters, aber sie konnte in der High School genügend Gleichgesinnte finden, um Bands zu gründen.

Ihre erste Gruppe nannte sich Middleground. Der Bekanntheitsgrad der Musiker reichte zwar nie über das Ortsschild von Doylestown hinaus, aber es genügte, um in ständiger Rivalität mit The Jetsists, einer anderen lokalen Band, zu leben. Dadurch steigerte sich die Popularität beider Gruppen, besonders als ein „Battle of the Bands" in einem Café veranstaltet wurde. Kurz nachdem die Mitglieder von Middleground getrennte Wege gegangen waren, wurde Pink bei einem Auftritt in dem Club Fever in Philadelphia von einem Talentscout der Plattenfirma

MCA beobachtet. Pink hatte sich der kurzlebigen Girl-Group Basic Instinct angeschlossen, bevor sie zum R'n'B-Trio Choice wechselte, das als Ausgangspunkt all seiner Aktivitäten Atlanta auswählte. Dort sang sie zusammen mit Sharon Flanagan und Chrissy Conway von der christlichen Girl-Group ZOEgirl. Die Band schickte ein Demo ihres ersten Songs „Key To My Heart" zu LaFace Records in Atlanta, wo LA Reid, der Chef des Labels, es hörte und die Gruppe dann einfliegen ließ, um sie bei einem Auftritt zu sehen. Reid gehörte zusammen mit seinem Produzentenkumpel Kenneth „Babyface" Edmonds zu den Vätern des zeitgenössischen R'n'B in den späten Achtzigern und kreierte den Swingbeat/New Jack Swing-Sound, der damals einer Revolution gleichkam.

Vom Gig beeindruckt, bot Reid den Mädchen einen Plattenvertrag an, der auch von den Eltern unterschrieben werden musste, da alle Musikerinnen noch minderjährig waren. Pink, Sharon und Chrissy zogen nach Atlanta um und nahmen ein komplettes Album auf. Obwohl der Song „Key To My Heart" auf dem Soundtrack des Films *Kazaam* (1996) erschien, wurde das Album nie veröffentlicht, woraufhin sich die Gruppe auflöste.

Doch das bedeutete für Pink nicht das Ende der Zusammenarbeit mit LaFace – sie blieb als Solo-Act bei dem Label und trug von nun an den Künstlernamen Pink. Dort erhielt sie die Unterstützung des Musikers, Songwriters und Produzenten Daryl Simmons, einem weiteren „Architekten" des modernen R'n'B. Er ermutigte die junge Frau, die Backing-Vocals für Diana Ross und Tevin Campbell zu singen, letzterer eine weitere Schlüsselfigur, der wie auch Usher und Bobby Brown in die Annalen des New Jack Swing einging, einem Sound, der besonders in den Neunzigern hohe Wellen schlug.

1999 war es dann soweit. Pink veröffentlichte ihr offizielles Debüt als Solokünstlerin mit dem Stück „Gonna Make Ya Move (Don't Stop)". Die House/Trance-Nummer erschien bei Activ Records in Großbritannien und erreichte dort im Februar 1999 Platz 196 der Single-Charts, wo sie sich eine Woche lang hielt. Für Pinks Karriere stellte das keinen guten Start dar und bis heute findet der Song kaum Beachtung. Die sehr schwer zu beschaffende Platte wartet immer noch darauf, als Bonustrack auf einem Pink-Album zu erscheinen.

Erst im neuen Jahrtausend konnte Pink als ernstzunehmende Solokünstlerin ihren Weg gehen. Ihr Label LaFace Records veröffentlichte im April 2000 die Single „There You Go", deren Cover ein Porträt der Sängerin schmückte. Das kurzgeschorene Haar erstrahlte in einem neonfarbenen Pink und dazu trug sie eine glänzende, schwarze Bikerjacke – es war der erste Hinwies auf Pinks androgynes Image. Die Person, die den Käufer vom Front-Cover von „There You Go" mit einem hypnotischen und durchdringenden Blick fokussiert, vermittelt den Eindruck einer Roboterfrau aus der Zukunft. Aus heutiger Perspektive betrachtet, scheint Pink – zumindest optisch – das Bindeglied zwischen Annie Lennox und La Roux, der Diva des neuen britischen Synthie-Pops gewesen zu sein.

Die Musik Pinks war ein gutes Beispiel für den polierten, experimentellen, aber dennoch kommerziellen R'n'B der Zeit, charakterisiert durch lebendige Percussion-Einsätze und Rhythmen, die so abrupt begannen, wie sie dann wieder aussetzten, nur um danach sofort wieder für ein solides Fundament zu sorgen. Die Stakkato-Streicher hätten auch von TLC stammen können. (Und auch die Akustik-Gitarre zu Beginn des Song erinnerte stark an den Song „No Scrubs", eine Single, die vom *Fanmail*-Album des

Trios aus dem Jahr 1999 stammte, welches von LA Reid und Babyface produziert wurde). Zudem bestanden Ähnlichkeiten zu zeitgenössischen Sängerinnen, die sich zur Jahrtausendwende etabliert hatten, wie Aaliyah, Kelis, Mýa, Monica und Brandy. Pinks Gesang war typisch für das Genre – geschmeidig, leicht melismatisch und geprägt von einer hörbar beherrschten Leidenschaft.

„There You Go“ handelt von einer zerbrochenen Beziehung, woraufhin der Mann sich Pinks Rückkehr wünscht. Im Video wird eine angemessen dramatische Handlung dargestellt: Einer von Pinks alten Freuden ruft sie an, um mit dem Motorrad eine Runde zu fahren. Zögerlich willigt sie ein. Dann erscheint unsere „Heldin“ auf einem heißen Donnerofen auf dem Dach eines Gebäudes, von dem aus sie in das Apartment des Ex hinabschauen kann. Sie ruft ihn mit dem Handy an, lässt das Bike auf Hochtouren laufen, startet voll durch und springt im letzten Moment ab. Die Maschine schießt vom Dach herunter und Pink sieht dabei zu, wie sie in das Fenster ihres Ex knallt und danach in lichterlohen Flammen aufgeht.

Schließlich springt Pink in ein Auto, das von ihrem neuen Macker gefahren wird, zeigt dem unglückseligen Ex den Finger und schon fahren die beiden Turteltäubchen dem Sonnenuntergang entgegen. Die nicht sonderlich verhüllte Botschaft von „There You Go“ markiert die Ankunft eines mutigen, frechen und aggressiven neuen Talents in der Szene – einer Sängerin, mit der man am besten keinen Streit beginnen sollte.

Die beeindruckende Komposition stammte aus der Feder von Pink, Kandi Burruss und Kevin „She'kspere“ Briggs (letztgenannter produzierte auch den Track). Er gehört neben Timbaland, Rodney Jerkins und Dallas Austin zu den wichtigsten Musikern des modernen R'n'B. „There You Go" erreichte die Höchstnotierung mit dem siebten Platz der amerikanischen *Billboard*-Charts und sogar den sechsten Platz der Single-Hitparade in Großbritannien. In Australien wiederum startete Pink aus dem Nichts durch und erfreute sich großer Popularität – ihre nächste Single „Most Girls" stieg auf den ersten Platz der Charts, wurde ein großer Hit und verkaufte sich mehr als 70.000 Mal, genug, um Platin zu „ernten".

Pinks Debütalbum *Can't Take Me Home* kam zeitgleich mit der Single „There You Go" auf den Markt, also im April 2000. Die Sängerin und Songwriterin, die in naher Zukunft vom Erfolg in die Stratosphäre katapultiert werden würde, hatte fast an der Hälfte der 13 Tracks mitgeschrieben. Das Album markierte zugleich den Beginn und das schnelle Ende ihrer Rolle als R'n'B-Act. Denn schon auf der CD *M!ssundaztood* (2001) wurde ihr Wandel zum Pop und Rock deutlich. Ferner bedeutete es auch das Ende von Pinks Rolle als Möchtegernstar und Frau in der zweiten Reihe: Im Sommer 2000 trat sie noch im Vorprogramm der US-Boyband 'N Sync auf deren Amerikatournee auf. Danach aber stand ihr Name nur noch ganz oben auf den Konzertplakaten und zahlreiche andere Musiker sollten sich um die Rolle eines Support-Acts reißen.

Can't Take Me Home produzierten Babyface, She'kspere, Kandi Burruss, Terence „Tramp Baby" Abney (der auch Keyboards spielte und die Drum-Machines programmierte), Daryl Simmons und Tricky Stewart (letzterer nicht zu verwechseln mit dem britischen Trip-Hop-Pionier Tricky). Das Album war sehr erfolgreich und wurde in den USA, wo es Platz 26 ereichte und zwei Millionen Einheiten absetzte, mit Doppel-Platin honoriert. Weltweit gingen fünf Millionen Tonträger über die Ladentheke.

Mit den beiden Auskopplungen „There You Go“ und „Most Girls“ erreichten zwei Singles die Top 10 und ein dritter Song, „You Make Me Sick“, konnte sich unter den amerikanischen Top 40 platzieren. In Großbritannien kam der Track sogar in die Top 10. Er ist auch in dem Film *Save The Last Dance* zu hören, wohingegen „Split Personality“, die Eröffnungsnummer der Platte, auf dem Soundtrack des ersten Teils des Jugendfilms *The Princess Diaries* [*Plötzlich Prinzessin*] landete.

Die Besprechungen von *Can't Take Me Home* fielen insgesamt sehr wohlwollend aus. Es gab positive Kommentare für die glitzernde, „auf Hochglanz polierte“ Produktion, die ausgearbeiteten und kunstvoll verzahnten Arrangements, die aufeinandergeschichteten Drum-Pattern und die erotisch langsamen Grooves. Die sorgsam komponierten Songs ernteten viel Lob, wenn auch nicht von allen Seiten. Ein Musikjournalist schrieb: „Eher schmeichlerisch als unmittelbar. Ein wichtiges Merkmal des Dance-Pop ist der sofortige starke Eindruck, der spätestens beim zweiten Hören, wenn nicht schon beim ersten entstehen sollte. Viele Songs auf *Can't Take Me Home* benötigen einige Umdrehungen im CD-Player, bevor sie sich einprägen.“ Die meisten Redakteure schätzten und bewunderten Pinks Gesang. Ihm fehle, wie einige behaupteten, ein wenig Charakter, aber er funktioniere synchron zum von Computern und Effektgeräten geprägten R'n'B-Milieu. Andere wiederum bemerkten Pinks Zurückhaltung als Vokalistin und die Beschränkung der Emotionen, obwohl ein Schreiberling bissig eine Nähe zu anderen R'n'B-Divas hervorhob: „Sie stellt eine ganz gute Monica dar, aber von der Sorte hatten wir ja schon einige.“

Einige Journalisten beschrieben die Parallelen von Pinks Debüt zur schwarzen Dance Music, die nach TLCs Album *Fanmail* entstanden war. Dazu zählen die bahnbrechenden Arbeiten der R'n'B-Sängerin Aaliyah Mitte der Neunziger, bei denen Tim „Timbaland" Mosley hinter dem Mischpult gesessen hatte, ein Genie, das die Soul-Musik auf unvorhergesehene Wege lenkte und dem weiblichen Soul ein ultramodernes Facelifting verpasste, das noch weit ins 21. Jahrhundert reichen sollte. Zu erwähnen sind ferner die gleichermaßen innovativen Werke von The Neptunes (dem Produzententeam Pharrell Williams und Chad Hugo), die mit ihrem eigenen Zögling, der Sängerin Kelis, auf sich aufmerksam machten.

„Wenn *Can't Take Me Home* im Vergleich zu *Fanmail* verblasst, ist das nicht Pinks Schuld, noch ist das Album suboptimal. Es ist einfach die Tatsache, dass es auf eine Platte folgt, die so nahe an einen modernen Klassiker heranreicht, wie es zeitgenössischem Soul nur gelingen kann", lautete ein Kommentar. Der Mann vom *Rolling Stone* schrieb: „Die kunstvoll verzierten Töne, alle abgehackten und schneidenden Harmonien, jeder Post-Timbaland-Beat, die Position der Synthies im Mix – wie der Cembalo-Sound im ‚No Scrubs'-Stil –, alles stammt von irgendeinem R'n'B-Hit der letzten 18 Monate. Der wilde innere Monolog von ‚Split Personality' hätte vor der Veröffentlichung von Kelis' ‚Caught Out There' origineller gewirkt."

Obwohl *Can't Take Me Home* aus der heutigen Perspektive im besten Falle als der erste Schritt hin zum Erfolg bewertet wird, den Pink mit dem Crossover von Punk und Pop auf *M!ssundaztood* erreichen sollte, ist das Album doch eine meisterhafte Kollektion glänzenden, zeitgenössischen Urban-Pops. Von einer gewissen Härte des gesanglichen Timbres abgesehen, liegt sie aber doch noch weit von dem bissigen, rotzfrechen Punk entfernt, den wir heute kennen und lieben. Das Album beginnt mit dem typisch abgehackten „Split Personality", auf dem Pink eine stimmliche Reife zeigt, die schon fast unheimlich für eine 20-jährige Aufsteigerin anmutet.

Mühelos bewegt sich ihre Stimme zwischen den Oktaven, was an Christina (Xtina) Aguilera erinnert, ein weiterer funkelnder und junger Stern des R'n'B-Kosmos im weitesten Sinne. „Hell Wit Ya" basiert rhythmisch auf einem eingängigen Electro-Bass-Pattern, das an die auf Dauerfeuer eingestellte Knarre eines Computerspiels erinnert. Durch die Schimpfwörter wirkt Pink wie eine zensierte Xtina oder eine „böse Ausgabe" von Britney Spears. „Most Girls", eine Nummer im mittleren Tempo, präsentiert das für den damaligen R'n'B charakteristische Elektronik-Cembalo und kann als ein weiteres Beispiel für Pinks Ambitionen hin zu mehr Autonomie und künstlerischer Freiheit gedeutet werden. Der Song zeigt zudem die Ablehnung konventioneller Romanzen und Geschlechterrollen und eine Abneigung gegenüber dem ganzen Schmuck, den sich Girlies „anhängen". „I never cared too much for love, it was all a bunch of mush … I'm not every girl and I don't need that world to validate me."

Als Single war „There You Go" eine naheliegende Wahl. Der Song transportiert eine ähnliche Botschaft wie die Auskopplung „Independent Women" (2001) von Destiny's Child (obwohl Beyoncé und ihre Girl-Group die Arbeit mit She'kspere und Rodney Jerkins schon 1998 begonnen und seitdem ihre individuelle Version eines modernen R'n'B kreiert hatten). „You Make Me Sick" wirkt formelhaft, entfaltet seine Wirkung aber durch populäre Hooks und die mehrfachen Vocals, sodass die Nummer durchaus für eine dritte Auskopplung in Frage kam. „Let Me Let You Know", „Stop Falling", „Do What U Do", „Is It Love" und „Love Is Such A Crazy Thing" wurden dank der fabelhaften Produktion vor dem Status gewöhnlicher Balladen gerettet. Besonders der beeindruckende Synthie-Bass-Sound der letztgenannten Nummer, der durchgehend hörbar ist, könnte auch von einem alten Acid-House-Track stammen.

Der herausragende Song auf Pinks Debüt aber war zweifellos der Titeltrack, ein kleines Space-Disco-Meisterwerk mit zahlreichen Dubs und Post-Jungle-Rhythmen. Das Bild der Liebe als einer Krankheit nähert sich beinahe schon einem Elvis Costello auf dem Höhepunkt seines Selbstmitleids an, jedoch präsentiert sich Pink als eine außerordentlich selbstsichere junge Frau: „You should have thought about that before you fucked me", singt sie, obwohl auf der ersten Fassungen „Kraftausdrücke" gelöscht wurden. Der Höhepunkt des Stücks wird mit der Aussage „It's a Pink thing" erreicht. Hier kommt die Künstlerin im Zentrum ihres eigenen Universums an. Mit den Möglichkeiten des modernen Multi-Track-Aufnahmeverfahrens singt sie Harmonien zu ihrem Gesang und wirkt wie die ungezogene, solipsistische Herrscherin des 21. Jahrhunderts. Der Track stellt das künstlerische Zentrum eines superben Debüts dar, das seine Wirkung durch einen auf Hochglanz polierten Nightclub-Pop entfaltet.

Can't Take Me Home präsentierte ein aufregendes, neues Talent und half Pink dabei, einen festen Platz auf der musikalischen Weltbühne zu finden. Es war der erste Schritt zu einer Karriere, während der sie bisher international 30 Millionen Alben absetzen und sich zu einem der größten Popstars des Planeten emporarbeiteten sollte.

Es wäre wohl schwer vorstellbar gewesen, wenn die Presse damals enthüllt hätte, dass Pink nur fünf Jahre zuvor mit dem Gesicht nach unten auf dem Boden einer schäbigen Disco lag und nach einer Nacht des Drogenexzesses auf den Tod wartete. Denn im Jahr 2000 symbolisierte sie positives Denken und Selbstkontrolle und nur ein Idiot hätte darauf gewettet, dass sich innerhalb der nächsten Dekade etwas daran ändern würde.

Im August des Jahres kam „Most Girls" als zweite Single des Debüts auf den Markt. Der Song erklomm den vierten Platz der *Billboard* Hot 100 Single-Charts und erlangte Platin. Zusammen mit „Get The Party Started" war es Pinks höchste Chartposition in den USA, bis dann die Single „So What" 2008 den ersten Platz eroberte. „Most Girls" zählt zu den größten Hits von Pink in Australien, wo das Stück auf Platz 1 kam und mit Platin ausgezeichnet wurde. Als letzten Song koppelten die Verantwortlichen „You Make Me Sick" von dem Debüt aus. Der Track erreichte seine Höchstnotierung mit dem 33. Platz in den *Billboard*-Charts und konnte sich in Großbritannien die Nummer neun sichern. Die Single wurde von den Kritikern unterschiedlich aufgenommen und lief auch nicht so häufig im Radio wie die Vorgänger. Ein Journalist stellte die gewagte These auf, dass die Veröffentlichung gleichbedeutend mit kommerziellem Suizid sei, und wagte darüber hinaus noch die Vorhersage, dass der Song sich in Nichts auflösen würde. Trotz aller Unkenrufe erreichte er jedoch eine Platzierung unter den Top 10 Großbritanniens. Damit konnte Pink drei aufeinander folgende Singles in den Charts landen. Das Video zum Song präsentierte die Sängerin in einer Vielzahl von Posen – auf dem Knie des Weihnachtsmanns sitzend und bedeckt von Blütenblättern, ähnlich wie in einer Szene des Films *American Beauty*. Es wurde eine Woche vor ihrem Australienbesuch Ende 2000 gedreht. Regie führte Dave Meyers, mit dem sie auch schon bei den ersten beiden Videos des Debüts zusammengearbeitet hatte. Obwohl sich die Nummer in Australien nicht so gut wie die Vorgänger durchsetzen konnte, ereichte sie einen respektablen 25. Platz, verkaufte 35.000 Einheiten und wurde mit Gold geehrt.

Trotz der Tatsache, dass sich *Can't Take Me Home* zu einem Sprungbrett für ihre Karriere entwickelte, distanzierte sich Pink später von dem Werk. Für sie war es eine Produzentenarbeit, der Triumph eines cleveren Marketings und nicht der autonome „Erstschlag“, den sie sich so gerne gewünscht hätte.

„LA Reid hat mein erstes Album fast ausschließlich allein zusammengeschustert“, erzählte sie dem *Bang*-Magazin. „Ich hatte nicht viel zu sagen, keinen großen Einfluss.“ Pink ärgerte besonders das Gefühl, dass die Musik ihrer Persönlichkeit nicht gerecht wurde. „Ich hasse und liebe es“, kommentiert sie das Debüt. „Diese Zeit war so beschissen.“

Pink ist für ihre außergewöhnliche Frauen-Power bekannt, jedoch ermutigte man sie dazu, zeitgleich zur Veröffentlichung gesellschaftliche Umgangsformen zu erlernen und ein Medientraining zu absolvieren. Doch sie erstickte solche Bestrebungen schon im Keim.

„Die haben meine Persönlichkeit im Marketing eingesetzt, wollten aber danach, dass ich ‚Benimmunterricht‘ nehme, für die Medien gecoacht werde und all diesen Scheiß“, erzählte sie dem *Observer Magazine*. „Meine Antwort bestand in einem klaren ‚Nein‘ zum Benimmunterricht, denn das wäre einer Beleidigung meiner Mutter gleichgekommen. Ich habe ein bisschen Medien-Coaching gemacht, aber der Typ ist abgehauen. Er meinte: ‚Ich kann ihr nicht helfen.‘ Sie wollten mir beibringen, diplomatisch zu sein, den Journalisten die Antworten zu geben, die ihnen gefallen, woraufhin ich entgegnete: ‚Würdet ihr nicht lieber die Wahrheit hören?‘ Ich kann einzig und allein *meine* Gefühle ausdrücken und darüber reden.“

Es dauerte auch nicht mehr lange, bis sich Pink von ihren Ketten losreißen und der Welt das Gesicht hinter der Maske zeigen sollte.

KAPITEL 2

VERWANDLUNG

„Alle Mädchen, die in den letzten Jahren bekannt geworden sind, wurden in denselben Topf geworfen. Ich will nicht, dass Leute mich in diesen Topf schmeißen."

Falls Pinks Intention darin bestand, sich von den anderen Künstlerinnen des Femme-Pop abzuheben, sich differenziert darzustellen und ihre Einzigartigkeit zu beweisen, erreichte sie das ironischerweise mit einer Single, auf der sie zusammen mit drei Kolleginnen sang.

Im April 2001 nahmen sie für den Soundtrack zum Film *Moulin Rouge!* eine Coverversion von Labelles Smash-Hit „Lady Marmalade" aus dem Jahr 1975 auf. Mit dabei waren Christina Aguilera (die sie später in der Presse heftig kritisieren sollte), die Rapperin Lil' Kim und die R'n'B-Sängerin Mýa. Der Hit aus der Zeit der beginnenden Disco-Ära wurde von Bob Crewe (der viele Evergreens der Four Seasons mitkomponierte) und Kenny Nolan geschrieben. Die beiden hatten zuvor schon bei der Hit-Ballade „My Eyes Adore You" von Frankie Valli miteinander gearbeitet. „Lady Marmalade" ist besonders durch den sexuell suggestiven „Voulez-vous coucher avec moi (ce soir)?"-Refrain bekannt geworden. Als die Nachwuchssängerin Leona Lewis den Titel bei der britischen TV-Talentshow *The X Factor* präsentierte, hörten die Zuschauer die Zeile „Voulez-vous chanter avec moi (ce soir)?" [ugs.: „Möchtest Du mit mir singen", anstatt: „Möchtest Du mit mir schlafen", wie der ursprüngliche Text lautet]. Für welche Textversion sich Pink und ihre Truppe entschieden haben, ist klar – natürlich für die originale, unzensierte Fassung!

Produziert von den Hip-Hop-Künstlern Rockwilder und Missy Elliott (die auch als MC auf dem Intro und dem Outro ihren Beitrag leistet), konnte die neue Version von „Lady Marmalade“ in 15 Ländern den ersten Platz der Charts erreichen, darunter Neuseeland, Großbritannien, Australien und die USA. In den Staaten konnte sich der Song fünf Wochen lang auf der ersten Position der *Billboard* Hot 100 halten (vom 26. Mai bis zum 30. Juni 2001) – und das alles trotz der Tatsache, dass die britische Girl-Group All Saints den Titel erst drei Jahre zuvor gecovert hatte.

Angesichts der energiegeladenen Produktion und dank des virtuosen Vortrags der vier Sängerinnen (na gut, Lil' Kims Beitrag war ein Rap) entwickelte sich der Titel zur erfolgreichsten „Exklusiv-Airplay-Single“ aller Zeiten. Wie auch Aaliyahs Single „Try Again“ (2000), die auf Platz 1 kam, ohne bei einem Plattenlabel im kommerziellen Single-Format (CD-Single oder CD-Maxi-Single) zu erscheinen, gab es von „Lady Marmalade“ damals keinen physischen Tonträger, außer natürlich dem Soundtrack (es war also erst der zweite Song, der sich in der *Billboard*-Charts-Geschichte „nicht-physisch“ etablieren konnte). Aguilera hatte damit ihren vierten Nummer-1-Hit, für Kim, Pink und Mýa war es das „erste Mal“ auf der Topposition. In den Top 40 der Staaten verweilte das Stück 17 Wochen und entwickelte sich für die Sängerinnen (außer Christina Aguilera und Pink) zu ihrem meistverkauften Werk.

Der überwältigende Erfolg von „Lady Marmalade“ wurde zusätzlich vom begleitenden Musikvideo gepusht, bei dem Paul Hunter Regie führte. Es zeigte die Mädels in einem Varieté, mit Schößchenjacken, Reizwäsche und Netzstrümpfen bekleidet. Aufgenommen im März 2001 an verschiedenen Sets (in Los Angeles), die extra gebaut wurden, um den Moulin-Rouge-Nachtclub zur Jahrhundertwende (1890-1910) wiederauferstehen zu lassen, sollte der Clip den MTV Video Music Award in den Kategorien „Bestes Video des Jahres“ und „Bestes Video aus einem Film“ gewinnen. Darüber hinaus nominierte ihn die Jury in weiteren Sparten: „Bestes Dance Video“, „Bestes Pop Video“, „Beste Choreographie“ (Tina Landon) und „Beste Art Direction“. Der Song selbst gewann 2002 einen Grammy in der Kategorie „Beste gesangliche Kooperation im Pop“, was das internationale Profil und Ansehen der vier Damen bedeutend steigerte.

Pink machte bei Song und Video eine gute Figur und ihre Performance wirkte gleichermaßen spritzig und sicher. Doch ihre Ambition, sich von den aktuellen weiblichen Interpreten zu distanzieren, konnte damals nicht eindeutig wahrgenommen werden. Verärgert über Vergleiche mit Pop- und R’n’B-Sängerinnen, fürchtete sie die allgemeine Meinung, nur eine weitere Dance-Pop-Kreation ihrer Produzenten und Labelbosse zu sein. Pink zeigte sich fest dazu entschlossen, ihren wahren Wert unter Beweis zu stellen. Auf der nächsten Veröffentlichung mussten ihre tatsächlichen Credits im Booklet deutlich lesbar sein!

Pink brauchte jemanden, mit dem sie optimal zusammenarbeiten konnte, jemanden, der ihr half, ihre Ziele zu verwirklichen, und sie beim Kampf um künstlerische Kontrolle unterstützte. Sie wollte sich von einer R’n’B-Marionette zu einem flügge gewordenen, autonomen und frechen Pop-Rock-Monster verwandeln, das sich zwischen den Polen dieser beiden Stile frei bewegen konnte – und sie wusste auch schon, wer ihr dabei zur Seite stehen sollte: Linda Perry, die lesbische Sängerin der fast vergessenen Alternative-Rock-Band 4 Non Blondes, die Mitte der Neunziger einige Hits einspielten. Perry sollte auf Grund des Erfolgs mit Pink in der Zukunft selbst zu einem Superstar werden – eine Top-Songwriterin und erstklassige Produzentin, die unter anderem auch von Christina Aguilera, Gwen Stefani und Alicia Keys „gebucht“ wurde.

Während eines Interviews in der Sendung *Driven* auf VH1 erzählte Pink die Geschichte des ersten Kontakts mit Perry, dem Idol ihrer Teenager-Zeit. Nachdem sie die Telefonnummer der Künstlerin im Adressbuch einer Visagistin gefunden hatte, rief sie einfach an und hinterließ eine Nachricht auf dem Anrufbeantworter. Aufgeregt stotterte Pink, dass sie mit Perry komponieren und ihre Hilfe bei der Produktion des zweiten Albums in Anspruch nehmen wolle. Dann erklärte sie noch den Grund, warum sie ausgerechnet die Neunziger-Jahre-Musikerin ausgewählt hatte – das Album *Bigger, Better, Faster, More!* (1992) der 4 Non Blondes, mit dem sie groß geworden ist, bedeute ihr sehr viel.

Einige Zeit später kolportierte sie eine andere, eher obsessive Version der Kontaktaufnahme mit Perry, die schon fast mit Stalking in Verbindung gebracht werden konnte. Statt einfach nur Nachrichten zu hinterlassen, sang sie Perry Stücke der 4 Non Blondes vor. Schließlich musste die Sängerin der Neunziger-Truppe nachgeben: „Du bist verdammt noch mal übergeschnappt“, warf sie Pink an den Kopf. „Komm rüber.“

Nun war Perry mit an Bord und sollte für das Songwriting und die Produktion verantwortlich zeichnen. Als Assistenten wählte man Dallas Austin und Scott Storch aus, die kanadischen Hip-Hop-Produzenten, die für Hits von 50 Cent, Busta Rhymes, Ice Cube und vielen anderen verantwortlich gewesen waren. Pink unternahm einen weiteren Versuch, um die Akzeptanz des Publikums zu beeinflussen, indem sie die Hard Rocker Steve Tyler von Aerosmith und Richie Sambora von Bon Jovi bei einigen Tracks für Gastauftritte rekrutierte. Nun musste sie nur noch ihren Labelchef, LA Reid, überzeugen, dass die eher Rock-orientierte Veränderung eine gute Idee darstellte.

Wie sie dem *Bang*-Magazin erzählte, stritt sich Pink während der Produktion mit Reid, dass die Fetzen nur so flogen. „Ich verhielt mich ziemlich krass und meinte: ‚Das will ich so haben – du musst mir einfach glauben. Falls es dir nicht passt, kannst du mich ja zu McDonalds zurückschicken.' Und dann gab's ein Ringen und einen Kampf, aber die Kämpfe zwischen mir und LA sind lustig, weil a) ich immer gewinne, ha! und b) er so leidenschaftlich und musikalisch ist. Er glaubt an mich, unterstützt mich und gibt mir den Freiraum, meine Fehler selbst zu machen."

„Fehler" ist ein Wort, das nicht ernsthaft in Verbindung mit Pinks zweitem Album gebracht werden kann. *M!ssundaztood* wurde im November 2001 veröffentlicht. Pink wählte den Titel als Anspielung auf ihr Image in der Öffentlichkeit – er sollte symbolisieren, dass die Leute einfach ein falsches Bild von ihr hatten. In über 20 Ländern konnte die CD Gold oder Platin ernten (obwohl sie nur in Irland den ersten Platz der Charts erreichte). Das Album hat mittlerweile zwischen 12 und 16 Millionen Einheiten verkauft und die Hits „Get The Party Started", „Just Like A Pill", „Family Portrait" und „Don't Let Me Get Me" abgeworfen. Die erste Auskopplung „Get The Party Started" (geschrieben und produziert von Perry) kam in den USA und anderen Ländern unter die Top 5 und erklomm in Australien den ersten Platz. Die anderen Single-Auskopplungen – „Don't Let Me Get Me" und die von Dallas Austin produzierten „Just Like A Pill" sowie „Family Portrait" – waren weitere Radio- und Charts-Erfolge, wobei Pink mit „Just Like A Pill" ihren ersten Nummer-1-Hit im Vereinigten Königreich feiern konnte. Dort stand *M!ssundaztood* in den Jahresverkaufscharts des Jahres 2002 auf dem zweiten Platz. Die Platte setzte bislang in Großbritannien 1,8 Millionen Einheiten um, erhielt sechs Mal ein Platin-Zertifikat und steht zurzeit auf dem 94. Platz der bestverkauften Alben aller Zeiten.

M!ssundaztood und „Get The Party Started" wurden bei den Grammy Awards 2003 mit Nominierungen in den Kategorien „Bestes Pop-Vocal Album" und „Beste weibliche Pop-Vocal-Performance" bedacht, wohingegen das Video zu „Get The Party Started" bei den MTV Video Music Awards in den Kategorien „Bestes Video einer Sängerin" und „Bestes Dance Video" gewann.

Und das alles – die ganzen Preise und weltweiten Smash-Hits – wurzelten in dem kleinen, einfachen Ratschlag Perrys, dass Pink sich emotional öffnen solle!

Perry erklärte damals: „Zu Beginn unserer Zusammenarbeit fragte ich sie: ‚Was fühlst du?' und Pink setzte sich einfach hinter das Klavier und sang." Während des Songwritings und der Aufnahme des Albums zog Pink sogar nach Los Angeles, um bei Perry zu wohnen. Die beiden verbrachtem mehrere Monate damit, Stücke zu schreiben und sich alle nur erdenklichen Ideen „an den Kopf zu werfen".

Diese drei einfachen Worte – „Was fühlst du?" – ermutigten Pink, ihre ganze Seele und ihr Herz in die Songs fließen zu lassen. Mit der Hilfe Perrys konnte sie acht Tracks kreieren – mehr als die Hälfte des Albums! Es waren „M!ssundaztood", „Get The Party Started", „Respect", „Dear Diary", „Eventually", „Lonely Girl" (bei dem Linda Perry singt), „Gone To California" und „My Vietnam". Mit diesen acht Titeln gelang es Pink, die Wahrnehmung des Publikums mit Blick auf ihre Rolle als Künstlerin und Frau radikal zu verändern.

Eigentlich nicht erstaunlich, bedenkt man die Themen, die sie mit den Stücken anspricht. Auf „Don't Let Me Get Me" zeichnet sie ein Selbstporträt des ultimativen „bad girls". Ihre Socken sind schmutzig, ihre Eltern hassen sie und sie singt dann: „I'm a hazard to myself … I'm my own worst enemy", bevor sie klarmacht: „I wanna be somebody else." Pink stellt zudem Bezüge zu LA Reid her und verdeutlicht dabei, dass sie nicht als glatte und geschniegelte Pop-Tusse vermarktet werden will: „All you have to change is everything you are." Hiermit greift sie den Besitzanspruch der Produzenten an, die Produkte erschaffen wollen, anstatt Künstler zu fördern. Pink will sich aber nicht verbiegen, will autonom und selbstbestimmt bleiben. Sogar die damals populärste Teenie-Pop-Diva der Welt tritt in einer Nebenrolle auf: „Tired of being compared to damn Britney Spears", beklagt sie sich über ihre sogenannte Rivalin. „She's so pretty/That just ain't me." (Später, als Spears bei Medien und Fans in Ungnade fiel, war Pink in der Lage, Mitgefühl zu zeigen, denn der einstigen Diva wurde nun ebenfalls die Rolle des „bad girl" aufgedrückt.) „Ich habe Britney immer geliebt", erzählte Pink in einem Interview 2006. „In der Öffentlichkeit und im Privatleben bin ich ihre Freundin. Ich habe sie immer verteidigt. Sie ist einfach ein nettes Mädchen und wird von der Presse runtergemacht. Sie tut mir leid."

Auf „Just Like A Pill" spielt Pink auf ihren Drogenmissbrauch als Teenager an und benutzt Betäubungsmittel als Metapher für gestörte Beziehungen. Beim Song „My Vietnam" zieht sie eine Analogie zu den Kriegserfahrungen des Vaters in Vietnam (am Ende lodert Jimi Hendrix' „Star-Spangled Banner" auf, ein wichtiger Song für die Frontsoldaten in Vietnam) und benutzt das Bild einer Schlacht, um ihre turbulente Erziehung darzustellen, wobei sie ihr Selbstbild als „wandelndes Pulverfass“ entwirft: „Mother was a lunatic, she liked to push my buttons … Never liked school that much … They keep dropping bombs and I keep score.“

Mit „Family Portrait“ dokumentiert Pink ihre Herkunft noch plastischer. Sie durchleuchtet auch den letzten Winkel ihrer kaputten Familie, die Scheidung der Eltern und die dadurch verursachte Zerrüttung. „Mama, please stop cryin' … your pain is painful … I told daddy you didn't mean those nasty things you said … It ain't easy growing up in World War 3 …“ Der Text kann als Beschreibung des Familienkonflikts interpretiert werden, aber auch als ein schillerndes Kapitel einer Rock-Autobiografie. Die Worte vermitteln solch eine Eindringlichkeit, dass ihre Familie wie am Boden zerstört war, als sie den Song hörte.

„Es hat der ganzen Familie wehgetan, aber gleichzeitig für reinen Tisch gesorgt. Danach ging es uns allen besser.“ Ihre Mutter war trotzdem über die Zeile in „My Vietnam“ tief verletzt, in der sie als „Wahnsinnige“ beschrieben wird. „Meine Mum war eine Zeit lang verdammt sauer. [Aber] wir haben uns dann ausgesprochen. Ich mag es nicht, Sachen unter den Teppich zu kehren – man muss die Dinge beim Namen nennen und damit klarkommen.“ Wie Pink der *Sun* 2008 berichtete, lag ein wichtiger Effekt von *M!ssundaztood* darin, dass sie eine unvergleichliche Offenheit an den Tag legte und von diesem Zeitpunkt an immer authentisch blieb. Das ist ein wichtiges Charakteristikum, das sich in ihrer Musik zeigt und das die Leute so schätzen.

„Ich bekam den Brief eines 13-jährigen Mädchens. Sie schrieb, dass der Großvater ihre Mutter vergewaltigte. Dann erzählte sie weiter, dass ihre Mutter gerade gestorben sei und der alte Mann jetzt sie vergewaltige. Durch meine Musik jedoch schöpfe sie Kraft zum Weiterleben. Sie bat mich, niemals damit aufzuhören, da sie ihr Hilfe und Rückhalt gebe."

Einige Jahre später beschrieb Pink „Family Portrait" so: „Das Stück reißt mir auch heute noch die Seele aus dem Leib. Es ist die ehrlichste Nummer, die ich jemals komponiert habe. Es ist genau der Song, der die Verbindung zwischen mir und so vielen jungen Leuten herstellte, die diesen schmerzhaften Prozess durchmachen oder durchgemacht haben. Genau aus diesem Grund ist die Nummer so wertvoll."

Pink schrieb zusammen mit Perry folgende Songs: „Family Portrait", „Just Like A Pill", „My Vietnam", „Don't Let Me Get Me", „Get The Party Started", „Dear Diary" (Textauszug: „I've been a bad girl for so long"), „Eventually" (Textauszug: „This life is lonely when everbody wants something"), „Lonely Girl" (Textauszug: „I can remember the very first time I cried") und „Gone To California" (in dem Song macht sie sich zur Westküste auf, da die „city of brotherly love" – Philadelphia, in dessen Umgebung sie aufwuchs – für sie „Schmerzen und Verletzungen" bedeutet). Alle Songs verdeutlichen große Empathie für psychisch kranke und leidende Menschen und ein profundes Verständnis der dunklen Seite des Menschseins. Darüber hinaus hatte das Album für Pink eine weitere wichtige Funktion, denn sie stellte sich ihren Dämonen, ohne einen Schritt zurückzuweichen, und enthüllte mit erschreckender Offenheit Einzelheiten ihrer schwierigen Vergangenheit.

Aus diesem Grund wurde *M!ssundaztood* als das *In Utero* des Teen-Pop bezeichnet, eine Referenz an das Nirvana-Album, das Kurt Cobain vor seinem Suizid einspielte. Als Beispiel einer musikalischen Therapie und Selbstanalyse, als Arbeit einer Künstlerin, die ihre Vergangenheit überwindet und erwachsen wird, kann es mit *Jagged Little Pill* verglichen werden, einer Platte, die Alanis Morissette machte, als sie sich von ihrem Status einer am Reißbrett kreierten Popmusikerin emanzipierte. Tatsächlich kommentierte die *Entertainment Weekly*, dass „Pink die Verwirrung junger Mädchen mit größerer Genauigkeit und Sorgfalt einfängt als Alanis Morissette."

Robert Christgau, das selbsternannte „‚Akademische Oberhaupt' der US-Rockkritik", beschrieb die Songs auf *M!ssundaztood* als „offenherzig und ehrlich, düster, niedergeschlagen – und, okay, manchmal auch ein wenig unbeholfen, was sie zweifellos realistischer erscheinen lässt. Trotz Pinks dreister Äußerung, dass sie nicht so schön ist wie die ‚verdammte Britney Spears', tritt ihre Angst vor dem Prominent-Sein in den Hintergrund und lässt den glaubwürdigen persönlichen Schmerz erkennen, der in der tatsächlich stattgefundenen familiären Zerstörung wurzelt. Dieser Schmerz wird durch den künstlerischen Ausdruck im Zaum gehalten und gebändigt."

Trotz dieses Kommentars kann die Musik aber nicht als Depri-Rock bezeichnet werden. Die Stärke von *M!ssundaztood* liegt in der Fähigkeit Pinks, ihre persönlichen Erfahrungen – die Leiden, die sie als Kind in einer kaputten Familie ertragen musste, und die damit verbundenen qualvollen Erinnerungen – einem Publikum leicht zugänglich zu machen, das trotz der harten Botschaft mit der Musik seinen Spaß hat. Das Album ist von Beginn bis zum Ende ein melodischer Genuss. „Get The Party Started" hätte als Opener nicht besser gewählt sein können und ist eine genauso gute Tanznummer wie Cyndi Laupers „Girls Just Want To Have Fun". „18 Wheeler" kracht aus den Boxen wie härtester Redneck-

Rock – auf diesem Track kann man deutlich den Grund dafür hören, warum Pink als Hauptdarstellerin für das Biopic über Janis Joplin in die nähere Auswahl kam. (Die Originalversion des Tracks enthielt viele Schimpfwörter, die aber gelöscht wurden, um den Parental-Advisory-Sticker zu vermeiden, der sicherlich den Umsatz beeinträchtigt hätte. Von dem Song existiert keine unzensierte Fassung, doch während ihrer Tourneen singt Pink den ursprünglichen Text.) Der Titeltrack im mittleren Tempo kann ideal als Eröffnungssong einer heißen Party gespielt werden, während „Numb“ mehr als nur eine leichte Ähnlichkeit zu Nirvanas epochalem Grunge-Rock erkennen lässt. „Misery“ hingegen ist ein guter, alter Blues-Rock-Party-Song, bei dem es Pink gelingt, Note für Note dem legendären Steven Tyler von Aerosmith das Wasser zu reichen.

Mit *M!ssundaztood* hatte Pink ein Album produziert, das seine Wirkung durch eine verblüffende Mischung verschiedenster Sounds und Stile entfaltet, die eigentlich nicht miteinander harmonieren, aber trotz aller Gegensätzlichkeit ein großes Ganzes bilden. Es sprüht vor Fantasie, denn Popsongs mit melodiösen Hooks stehen neben glitzernden Dancefloor-Hymnen und Stadion-Balladen (mit der obligatorischen „Feuerzeuge in die Luft“-Ansage) und werden durch leichte Metal-Anklänge ergänzt. Durch die Produktion gelang es, den Biss der Rockmusik mit dem Glamour des Soul und dem einpeitschenden Rhythmus des Rap zu vereinen, und so eine erstaunliche Bandbreite von Songs in einem in sich geschlossenen Werk zu vereinen. Das Album wurde auch für Linda Perry zu einem Triumph, da es ihr gelungen war, Pinks unterschiedliche Facetten in rauer und gefühlvoller Form zu präsentieren und zusätzlich die sprühende Lebensenergie einzufangen. Diese Art einer Performance wirkte ansprechend und fesselnd. Pink hatte ihr vorläufiges Ziel erreicht – sie war eine Sängerin, die leicht den

Pfaden des R'n'B hätte folgen können, aber innerlich spürte, dass das nicht der Weg zu ihrem wahren Selbst ist.

Ein Journalist bemerkte: „Seit langer, langer Zeit gab es im Mainstream kein Album mehr, das eine solche Lebendigkeit oder Ausstrahlung hat." Sogar Rob Sheffield von *Spin*, der nicht so überzeugt schien und eher die „lebendigen R'n'B-Beats von *Can't Take Me Home*" mochte, zeigte sich beeindruckt. Obwohl ihm „traditionelle Rock-Klischees wie ‚Misery', das einem Song der Black Crowes ähnelt und nicht zum Konzept zu gehören scheint", eher langweilten, musste er Pinks Werk anerkennen: „Pink verdient Respekt, da sie sich selbst offenbart, statt wieder das Regelwerk des Teen-Pop zu bedienen – dennoch reicht die Umsetzung nicht an ihre Ambitionen heran."

Die Single-Auskopplungen von *M!ssundaztood* halfen dabei, die dramatische Transformation Pinks dem Publikum nahezubringen. „Get The Party Started" wurde zuerst im Oktober 2001 in den USA veröffentlicht und im Januar 2002 in Großbritannien. In den Staaten erreichte der Song mit dem vierten Platz die Höchstnotierung (und war damit Pinks zweitgrößter Solohit, zusammen mit „Most Girls" (2002) und „So What" aus dem Jahr 2008). In Großbritannien kam er sogar auf Platz 2. Es hätte vermutlich sogar zum ersten Platz gereicht, den aber die posthume Singleveröffentlichung „My Sweet Lord" des im November verstorbenen George Harrison blockierte. Während der Aufnahmen lernte Pink den Umgang mit Drumcomputern und spielte sogar Bass. Die experimentelle Atmosphäre, in der alles möglich zu sein schien, spornte Perry und Pink zu Höchstleistungen an. Dadurch gelang es den beiden, diesen Nightclub-Klassiker zu schaffen. „Du kreierst etwas in deinem Schlafzimmer oder deinem Haus und es ist einfach so eine Spaßsache", kommentierte die Sängerin. „Dann hörst du plötzlich den Song, der aus deinem Schlafzimmer stammt, im Radio – und die Menschen mögen diese Musik. Das ist einfach abgefahren."

„Get The Party Started", einer der Songs, mit denen Pink immer in Verbindung gebracht wird, zog zahlreiche Coverversionen nach sich. Es gab Punkversionen, Synthie-Pop-Fassungen, akustische Folkversionen, knallharte Techno-Interpretationen, Pop-Fassungen aus China und sogar eine gewisse Shirley Bassey (!) entschloss sich zu einem Cover. Sie nahm das Stück im Stil der alten Titelmelodien für Thriller und Krimis auf. Diese Fassung wurde von Marks & Spencer bei einer Weihnachtswerbekampagne im Fernsehen eingesetzt und sogar der *Guardian* ließ sich zu einem Kommentar verleiten: „[Das Stück] ist ein großartiges, massives Monument gleichwertig einem Bond-Thema."

„Get The Party Started" wurde 2003 für einen Grammy Award in der Kategorie „Beste Pop-Vocal-Performance einer Sängerin" nominiert, verlor aber gegen Norah Jones' „Don't Know Why". Durch die positive Grundstimmung und außergewöhnliche Eingängigkeit konnte die Nummer den Titel „Beliebtester Song" bei den Kids' Choice Awards abstauben. Bei den MTV Europe Music Awards 2002 gewann er die Auszeichnung „Bester Song".

Das Video wurde 2002 bei den MTV Video Music Awards als „Bestes Pop Video" nominiert und bekam Auszeichnungen in den Kategorien „Bestes Video einer Frau" und „Bestes Dance Video". Dave Meyers nahm den Clip Ende September 2001 in Los Angeles auf. Die Handlung ist so witzig wie einfach: Pink und eine Freundin stehlen die Skateboards von zwei Jungs, gehen in einen Nightclub, ohne Eintritt zu bezahlen (sie klettern durch ein Fenster), und tanzen – dort erst einmal angelangt – mit einem gewissen Kevin Federline, der später Britney Spears heiraten sollte.

Die zweite Auskopplung des Albums, „Don't Let Me Get Me", geschrieben von Pink und Dallas Austin, erschien im Februar 2002. Sie erreichte den sechsten Platz der Hitparade in Großbritannien und Platz 8 in den USA. Im Video ist Pink bei einer Auseinandersetzung mit LA Reid zu sehen, mit Stylisten, ja sogar mit ihrem Spiegelbild in einem Umkleideraum. Aber die beiden nächsten Singles von *M!ssundaztood* hatten eine noch durchschlagendere Wirkung, begünstigt durch die unvergesslichen Videos.

„Just Like A Pill", die dritte Auskopplung und eine weitere Komposition des Teams Pink/Dallas Austin, erschien im Juni 2002. Sie erreichte den achten Platz der US-Charts und wurde Pinks erster Nummer-1-Hit in Großbritannien als Solokünstlerin. Das Video, bei dem Francis Lawrence Regie führte (der später den Film *I Am Legend* mit Will Smith in der Hauptrolle drehte), kann als Abkehr von den ersten Clips gesehen werden. Es wirkte düsterer, die Sängerin war in Schwarz gekleidet, hatte schwarzgefärbte Haare (mit pinken Strähnchen – wie hätte es anders sein können?) und sang den Song als Playback vor einer Horde Partygäste (die Gothic-Fans ähnelten) wie auch einem Elefanten.

Pinks Begegnung mit einem der größten Landtiere während der Aufnahmen sollte einen nachhaltigen Eindruck bei ihr hinterlassen. Zum ersten Mal in ihrem Leben erkannte sie die Notlage von Tieren in Gefangenschaft. „Pink erfuhr etwas über den Missbrauch von gefangenen Tieren, als der Tierführer den Elefanten zum Set brachte", erläuterte ein Sprecher von PETA (People for the Ethical Treatment of Animals). „Sie bemerkte, dass hier etwas falsch lief und rief uns an, um mehr über das Thema zu erfahren." Direkt nach dem Shooting des „Just Like A Pill"-Videos engagierte sie sich als Aktivistin für PETA.

„Family Portrait", komponiert von Pink und Scott Storch, war die letzte Single, die von *M!ssundaztood* im Dezember 2002 in den USA und im Januar 2003 in Europa veröffentlicht wurde. Der Song erreichte seine höchste Notierung mit Platz 20 in den Staaten und 11 in Großbritannien. Das Video, ein eindringlicher und düsterer Clip, zeigt Pink und ein identisch gekleidetes junges Mädchen in Unterhemd und Trainingshose. Letztere spielt die Rolle der jungen Musikerin, die durch die Trennung ihrer Eltern seelische Qualen erleidet. Der Anblick des jungen Mädchens, das die Lippen synchron zu Pinks Gesang bewegt, ist herzzerreißend. Das trifft besonders auf die Szenen zu, in denen sie darum bettelt, dass sie keine zwei Adressen haben möchte und nicht die Ferien mal hier, mal dort verbringen muss.

Für Pink bedeutete der Clip eine weitere Stufe auf dem Weg der Selbstheilung – bezogen auf ihre eigene Person, aber darüber hinaus auch für ihre Fans.

„Musik hat die Wirkung einer Art Gruppentherapie", enthüllte sie dem *Look*-Magazin 2008. „Ich konnte mich erst gar nicht zu meinen persönlichen Problemen äußern, bekam dann aber Briefe von Mädchen, die schrieben: ‚Wegen dieses Songs reden meine Mutter und ich wieder miteinander.' So schwor ich, mir meine Ehrlichkeit zu bewahren, koste es, was es wolle." Pink war überwältigt, dass sie so viele Journalisten auf Grund des „Family Portrait"-Videos und -Songs zu ihrer Familiengeschichte befragten, einfach mehr wissen wollten. Einmal brach sie bei einem Interview in Tränen aus und musste das Studio überstürzt verlassen. Der Rückzug war eindeutig ein Fehler, denn ihr wurde der Wert ihrer Ehrlichkeit und Authentizität bewusst, als noch mehr Post, ja eine wahre Flut von Briefen sie daraufhin erreichte.

„Ich schrie: ‚Verdammt, ich will das alles nicht mehr.‘ Aber dann erreichten mich die ganzen Briefe und mir wurde die Bedeutung meines Verhaltens klar. Es ist eine ernste Angelegenheit, denn ein Satz wie: ‚Du hast mir dabei geholfen, mich von meinem Freund zu lösen, der mich missbraucht hat‘, bewegt mich zutiefst. Ich erhalte buchstäblich jeden Tag solche Briefe. Einer übertrifft den nächsten, ist noch tragischer und trauriger. Das sind also die Menschen, die dadurch, dass ich so viel von mir preisgebe, einen eigenen Nutzen daraus ziehen können. Da muss ich verflucht noch mal mein beschissenes Ego zurückstellen.“

KAPITEL 3

NEUE WEGE

„Ich schrie: ‚Ihr wollt eine Platte? Na gut, dann schreib' ich eben in einer Woche zehn Songs für eure beschissene Platte. Presst sie und bringt sie raus.'"

Nach dem verblüffenden Erfolg von *M!ssundaztood* betrat Pink das exklusive Reich, das nur den größten Weltstars vorbehalten ist. Sie hatte den Erfolg errungen, den sie sich schon immer wünschte, den Erfolg, den sie schon seit ihrer Jugend als 15-jähriger Teenager anstrebte. Aber es gab eine Schattenseite. Ein weltweit bekanntes und erfolgreiches Album zu haben, erzeugt Druck und besonders das gefürchtete „Wie-kann-ich-das-alles-übertrumpfen"-Syndrom. Wie Michael Jackson nach *Thriller*, Madonna nach *Like A Virgin* und Prince nach der Veröffentlichung von *Purple Rain* musste sich Pink mit einem mentalen Problem auseinandersetzen – der kreative Prozess musste mit der gleichen Brillanz erneut durchlaufen werden und das Ergebnis im besten Fall das vorherige Album übertreffen. Es wurde offensichtlich, dass Pink nach der Veröffentlichung von *M!ssundaztood*, als der Druck des Ruhmes und der Verantwortung begann, in eine schwierige Phase eintauchte.

In einem Interview mit der *Irish Times* 2006 berichtete sie über ihre Unzufriedenheit mit dem Verhalten der Plattenfirma, die so schnell wie möglich einen neuen Tonträger auf den Markt bringen wollte.

„In diesem Punkt rebellierte ich gegen das Label. „Ich schrie: ‚Ihr wollt eine Platte? Na gut, dann schreib' ich eben in einer Woche zehn Songs für eure beschissene Platte. Presst sie und bringt sie raus.'"

Allen Aussagen nach fühlte sich die Künstlerin während der Promotion für *M!ssundaztood* in vielerlei Hinsicht zerbrechlich und niedergeschlagen. Ihr dämmerte es, dass das Leben eines Popstars oft nicht sehr spaßig ist und mit Verpflichtungen und Auftrittsdruck einhergeht. „Das war eine schreckliche Zeit", erklärte Pink. „Bei der Hälfte meiner Interviews bin ich heulend rausgerannt. Ich hatte das Gefühl, Geld in den Spielautomaten zu werfen, um einen Affen tanzen zu sehen."

Aber dennoch gelang es ihr, sechs Monate nach der Veröffentlichung von „Family Portrait", der letzten Single-Auskopplung von *M!ssundaztood*, schon an neuem Material für das dritte Pink-Album zu arbeiten. Mitte 2003 stellte sie den Song „Feel Good Time" für den Soundtrack zum Film *Charlie's Angels: Full Throttle* [*3 Engel für Charlie: Volle Power*] zur Verfügung und fand sogar Zeit für eine Nebenrolle in dem Streifen. Sie spielte die Besitzern/Promoterin einer Motocross-Rampe, ein Auftritt, den sie als „einen Knaller" beschrieb. Ungefähr zur selben Zeit wurde ein Song, den Pink mit Damon Elliott (dem Produzenten und Sohn von Dionne Warwick) komponiert hatte, auf dem Album *Moodring* von Mýa veröffentlicht, ihrer Kollegin aus „Lady Marmalade"-Tagen.

Das Stück aus *3 Engel für Charlie: Volle Power* hatte Pink zusammen mit dem Sänger Beck geschrieben und vom Elektronik-Künstler William Orbit produzieren lassen. Es basierte auf einem Sample von „Fresh Garbage", dem ersten Track des 1968 erschienenen, legendären Debüt-Albums der Psychedelic/Jazz/Fusion-Band Spirit, deren Kopf, der brillante Sänger und Gitarrist Randy California, Mitte der Sechziger mit Jimi Hendrix gejammt hatte. Der

Musiker erlebte diese späte Ehrung seines Werks nicht mehr, da er 1997 bei dem Versuch, seinen Sohn vor dem Ertrinken zu retten, ums Leben gekommen war. „Feel Good Time" war der erste Song Pinks, der sich nicht unter den Top 40 der *Billboard*-Charts platzieren konnte (er kam lediglich auf Platz 60). In Europa und Australien gelang ihr aber ein Hit und das Stück konnte sogar bis auf den dritten Platz der UK-Charts vordringen. 2004 wurde der Titel in der Kategorie „Beste Pop-Kooperation mit Vocals" für den Grammy nominiert. Es war ein toller Song, nicht zuletzt wegen der unerwarteten Entscheidung, ein Sample von Spirit zu nutzen, statt einen Titel aus der Schatzkiste des Soul/R'n'B der 60er/70er Jahre auszuwählen, denn Letzteres wäre ein vorhersehbarer Schachzug gewesen. Beck und William Orbit, der manchmal auch Techno produziert, hatten sich ursprünglich für eine eigene Aufnahme des Tracks entschlossen, aber nachdem Pink den Wunsch äußerte, „Feel Good Time" zu covern, gaben sie ihr die Bänder. Becks Gesang und seine Gitarre wurden gelöscht und durch Pinks Vocals ersetzt. (Orbit spielte Becks Originalversion im Rahmen seiner Radio-Show, obwohl sie nie offiziell auf den Markt kam. Das Stück ist mittels diverser Filesharing-Programme zu finden.)

Der – im Vergleich – kommerzielle Flop von „Feel Good Time" tangierte Pink beim weiteren Songwriting und den Aufnahmen nicht, sondern schien sie eher noch anzustacheln. Nach der Fertigstellung der Single begann sie ohne eine Pause mit der Arbeit an den nächsten Stücken. Aber es stellte sich eine wichtige Frage: Mit wem sollte sie nun zusammenarbeiten? Linda Perry hatte sich als eine geschickte Wahl erwiesen, besonders für *M!ssundaztood*. Vielleicht war die Erfahrung mit der 4-Non-Blondes-Sängerin aber nur einer dieser Glücksmomente, die sich nicht wiederholen lassen? Möglicherweise hatte sich die gemeinsame Arbeit der beiden Frauen aber auch als viel zu nervenaufreibend herausgestellt? „Wenn wir zusammen Songs schreiben", erzählte Pink, „ist das so, als würden zwei Gewitter aufeinanderstoßen. Es kann gut ausgehen, aber auch wirklich schlimm werden. Es ist eine sehr intensive Erfahrung."

Aus was für Gründen auch immer – Perry schrieb nur drei Songs für *Try This*, Pinks drittem Album. Beim Großteil der Stücke wirkte Tim Armstrong mit, der Sänger der amerikanischen Punk-Band Rancid, die Pink durch einen gemeinsamen Freund beim Dreh für das Video der Punk/Hip-Hop-Supergruppe Transplants kennengelernt hatte. Die beiden kamen von Anfang an gut miteinander klar. Pink schrieb innerhalb von nur einer Woche zehn Songs mit Armstrong, während er und Rancid auf einer Tour mit den Foo Fighters waren! Acht dieser Tracks wurden schließlich auf *Try This* veröffentlicht. Auf dem Album fand sich auch eine gemeinsame Komposition von Pink und der angesagten, sexuell experimentierfreudigen und aggressiven Electroclash-Künstlerin Peaches (bürgerlicher Name: Merrill Nisker) mit dem Titel „Oh My God".

Für Pink liefen die Sessions in ihrem Heimstudio zusammen mit Damon Elliott, Peaches und Linda Perry zufriedenstellend. Doch erst als sie und Armstrong sich trafen, begannen die kreativen Funken zu sprühen. Schon als die beiden sich beim Video-Shooting begegnet waren, konnte Pink die Magie und das Chaos spüren, die künstlerische Höhenflüge bedingen.

Später erinnerte sich die Sängerin an „das erste Mal": „Er sprach mich an: ‚Ich hab hier ein paar Songs für dich – das wird 'ne tolle Sache.'" Pink, ein alter Rancid-Fan, antwortete darauf: „Du willst mit mir arbeiten? Wow!"

Travis Barker, der Drummer von Blink 182 und den Transplants und gleichzeitig Freund der Rancid-Musiker Matt Freeman und Lars Frederiksen, war auch während der Zusammenarbeit von Pink und Armstrong dabei, was kräftig Wind in den kreativen Prozess blies.

„Mit Tim und Travis Barker zu arbeiten, stellte sich als wirklich schnell und unkompliziert heraus", erzählte Pink. „Bei diesem Album gab es keine Widerstände und Hürden. Die Produktion von *M!ssundaztood* war fast zu viel für mich – dieses Gefühl, emotional ausgesaugt zu werden, nackt und verletzlich zu sein. Ich wusste nun einfach, dass ich Spaß haben und mich nicht die ganze Zeit quälen wollte. Mit dem Jammern und Heulen sollte Schluss sein."

Try This wurde aber dennoch eine sehr emotionale Platte, auf der das Wehklagen – oder mit anderen Worten: das Brüllen, Knurren und Brummen – allgegenwärtig ist. Im Vergleich zum Vorgänger klingt sie jedoch weniger von Angst geprägt. Pink wirkt zufriedener, glücklich in der Rolle einer rotzfrechen Rebellin, die sich gegen alle anonymen Spießer, Loser, schrägen Vögel und miesen Typen auflehnt, die es wagen, sich ihr in den Weg zu stellen. Ihre Botschaft, auf dem Cover abgedruckt, ist so einfach wie klar: „Akzeptiere den Freak, der du selbst bist."

Ein Journalist vom *Q*-Magazin stellte Pink während eines Interviews nach der Veröffentlichung von *Try This* die Frage, mit welchen Erwartungshaltungen die Menschen ihr begegnen. „Sie erwarten, ein Monster zu treffen. Leute haben mir erzählt, dass sie Angst vor einer Begegnung hatten. Die dachten, ich würde ihnen den Kopf abreißen."

„Du hast sicherlich ein gewisses Image", parierte der Journalist vom *Q*. Pink gefiel das.

„Ich vermute mal", antwortete sie. „Aber hab ich dieses Image wirklich? Das einer Frau, die so richtig eine Party krachen lässt? Das eines zornigen Menschen?"

„Nicht so richtig", stichelte der Reporter dann. „Du bist eher das Mädchen von nebenan."

Ausnahmsweise war Pink daraufhin kurz sprachlos.

„Was?", platzte es dann aus ihr heraus. „Noch niemals – niemals! – in meinem ganzen Leben hat das jemand zu mir gesagt. Bis heute! Wo zum Teufel lebst du denn?"

Von den Dance-Pop/Teen-Pop-Sängerinnen, die 1999 bekannt wurden, schien Pink mehr als Britney Spears oder Christina Aguilera eine solide und eher konservativ ausgerichtete, auf regulären CD-Veröffentlichungen basierende Karriere anzustreben. Es bestätigte sich damit eine Tendenz, die sich schon bei den ersten beiden Alben andeutete. Britney und Xtina waren R'n'B-Mädels und Disco-Diven, die mit den Neptunes produzierten oder irgendwelchen anderen, die eben gerade im Hip-Hop oben auf der Wunschliste standen. Im Unterschied dazu handelte es sich bei Pink insgeheim um einen Metal-Freak bzw. ein Grunge-Kid. Sie schien nur darauf zu warten, dass der Punk in ihr von seinen Fesseln befreit wird.

Sie war ein Punk im Sinne einer Person, die darauf wartet, sich selbst und ihr Umfeld herauszufordern und zu provozieren. Auf ihre eigene Art konnte sie mit den Punk-Bands, die zur Zeit der Veröffentlichung von *Try This* als solche galten (zum Beispiel Green Day), problemlos mithalten. Vorausgesetzt, das fundamentale Credo des Punk lautet: „Reiß alles auseinander und fang von vorne an", dann folgte Pink dieser Maxime bis ins kleinste Detail. Sie begann ihre Karriere zu einer Zeit, als weißen R'n'B-Sängerinnen die Tür des schwarzen Radios vor der Nase zugeknallt wurde. Daraufhin kehrte sie dieser Welt den Rücken, um mit Dallas Austin, einem Mainstream-R'n'B-Produzenten, und Linda Perry, einer lesbischen Rockmusikerin, die schon lange in der Versenkung verschwunden war, ein neues Projekt zu starten. Pinks mehrfach mit Platin ausgezeichnetes Album *M!ssundaztood* dokumentierte einen wagemutigen Schritt – nicht so sehr wegen des stilistischen Wandels, sondern weil Pink, frustriert wie sie war, die sicheren kommerziellen Gefilde verließ, zugunsten einer textlichen und musikalischen Tiefe, die im Kontrast zur Oberflächlichkeit des Pop steht.

Pink ging dabei sicherlich nicht ungeschickt vor. Sie bemühte sich, ihre alten Fans nicht zu verschrecken, sie „im Boot" zu behalten, und sich doch gleichzeitig ein neues, riesiges Publikum zu erschließen. Die Sängerin hatte eine Nische entdeckt, vielleicht sogar geschaffen – abgedreht genug, um Courtney-Love-Fans zu gefallen, aber für die eher unschuldigen Kids immer noch niedlich, kuschelig und harmonisch. Die Musik, die nach dem zweiten Album erschien, reflektierte die hohe Anziehungskraft des Selbstverständnisses von Pink. Sie produzierte einen originellen, dynamischen Sound, herausgemeißelt aus den Klangwänden scheinbar gegensätzlicher Stilrichtungen, einen mühelosen Mix aus Hard-Rock-Riffs, R'n'B-Rhythmen und Popmelodien, gekrönt von der Bereitschaft, ihr Innerstes nach außen zu kehren, ihre Seele zu offenbaren. Falls es jemanden schon erstaunte, dass Pink ein Album wie *M!ssundaztood* „in sich trug", so war es dann noch verblüffender, dass ihr ein solcher Clou auch ein zweites Mal gelang – und das mit einem ganz anderen, aber genauso ungewöhnlichen Team.

Auf *Try This* sang Pink die Lead Vocals und Tim Armstrong übernahm Gitarre, Akustik-Bass, Keyboards, Background-Gesang, Loops und Sound-Effekte (und arbeitete zudem auch als Tontechniker und Produzent mit). Jonathan Davis spielte Gitarre, Akustik-Gitarre, Bass, die Keyboards und programmierte die Drums. Linda Perry übernahm zeitweise den Produzentenjob und spielte Gitarre, Sitar und Mellotron. Damon Elliott zeichnete für Percussion, die Keyboards, das Programmieren und die Produktion verantwortlich. Zusätzlich zur schon überaus großen klanglichen Vielfalt flossen folgende weitere Instrumente in den Mix ein: Orgel, Synthesizer, Glockenspiel, Turntables, Trombone, Trompete, Baritonsaxophon, Geigen und ein Omnichord, Letzteres eigentlich ein „Spielzeug". Allein drei Leute kümmerten sich um Fotos und die künstlerische Gestaltung des CD-Covers – Pink erscheint auf dem Cover und den verschiedenen Seiten des Booklets in den unterschiedlichsten Posen. Sie raucht, hat einen mürrischen Gesichtsausdruck, schreit, ist an eine Säule gekettet – aber immer in einem schwarzen Outfit und in verschiedenen Stadien des „Sich-Entblätterns".

Trotz der Aussage, dass sie kein gestyltes Girlie-Mannequin ist, mochte es den Anschein haben, dass sich Pink auf ihr präsentes Image verließ, doch weit gefehlt, denn die Musik stand eindeutig im Vordergrund. „God Is A DJ" zählt zu den interessantesten Tracks, die weder mit Armstrong noch mit Perry geschrieben wurden. Das von Gitarren dominierte und von Pink, Billy Mann und Jonathan Davis komponierte Stück porträtiert Pink als Tänzerin im Minirock, die ihren Mittelfinger aufblitzen lässt. Diese Art der Rebellion erinnert erneut an die Alanis Morissette der *Jagged Little Pill*-Phase. „Love Song" hingegen beendet das Album effektiv, ruhig und mit einer dramatischen, emotionalen Tiefe.

„Try Too Hard" gehört zu den drei Tracks, die Pink und Perry produzierten. Der Song wird von einem straighten Gitarren-Riff aufgepeitscht, wobei Pink, oder wenigstens die Protagonistin des Titels, sich abfällig über Menschen äußert, die sich durch das Kopieren anderer hervorheben wollen. Möglicherweise ist das ein Seitenhieb auf Christina Aguilera (für die Perry auch arbeitete) oder Label-Kollegin Avril Lavigne, die sich damals als Girlie-Punk darstellte, Jahre später aber brav und bieder auf Modeschauen zu sehen war. Sie schreit laut heraus, dass diese Leute sie zum Kotzen bringen, und beklagt es, überall von ihnen umgeben zu sein, egal, wohin sie schaut. Aber solche Menschen können sie andererseits auch zu Tode langweilen, da sie sich völlig unbeeindruckt vom Gehabe der imaginären Rivalinnen zeigt, die krampfhaft versuchen, ein falsches Image aufzubauen. „Waiting For Love", der zweite Song der Zusammenarbeit mit Perry, ist eine semi-akustische Rock-Ballade im mittleren Tempo, die sich ungefähr nach der Hälfte der Spielzeit in einen heißblütigen Rocker verwandelt und danach zwischen den beiden Polen hin und her pendelt. Dabei werden elektronische Effekte hörbar und eine kreischende Gitarre, die sich aus dem Mix hervorkämpft. Bei dem Track werden zu viele Ideen „verbraten", aber vielleicht liegt gerade darin der Charme des Partysongs. „Catch Me While I'm Sleeping" hingegen erstaunt, denn der Song wirkt wie eine völlige Abkehr von der gewohnten Pink-Perry-Formel, setzen sie im Rahmen der coolen Ballade doch eine Sitar, Streicher, einen eindringlichen Beat und wechselweise zart geflüsterte und dann ungemein sinnliche Vocals ein. Sie erinnert an den kunstvoll verzierten Soul von Thom Bell Mitte der Siebziger – diese Art von eindringlichem, aber dennoch leichtem und lockerem R'n'B. Hätte Prince in den letzten Jahren so einen Song komponiert, würde das als seine Rückkehr zur Höchstform gefeiert! Die Lorbeeren gebühren aber Perry, da sie sich auch in einem ungewohnten Genre ausdrücken kann, und Pink, die den Wechsel der Geschwindigkeit und der Stile selbstsicher meistert. „Catch Me While I'm Sleeping" sticht als einer der besten Songs von Pink hervor.

Linda Perry zur Mitarbeit bei *M!ssundaztood* ausgewählt zu haben, mag eine riskante Entscheidung gewesen sein, aber jetzt, zwei Jahre und 12 bis 16 Millionen Platten danach, erscheint die damalige Wahl wie ein logischer Schachzug, verglichen mit dem spontanen Entschluss, eine Kooperation mit Tim Armstrong von Rancid einzugehen. Der Musiker konnte sich indes bewähren und sich bei vielen Tracks problemlos einbringen. Von Ideen aus Genres wie Punk, Soul, Ska, New Wave und Elektronik inspiriert, kreierte er Musik, die vor Energie nur so sprühte. Armstrongs ausgeprägter Sinn für Kompositionskunst und Pop-Hooks zeigte sich in Stücken, die den Hörer schon von der ersten Minute an packten, aber auch bei mehrmaligem Hören nicht langweilten. Pink hat mit der Wahl ihres „Sidekicks" ein geschicktes Händchen bewiesen, denn der talentierte Musiker war in der großen Welt des Pop-Rocks noch ein unbeschriebenes Blatt und musste sich erst noch beweisen.

Bei „Trouble", dem ersten Track des Albums, schlüpft Pink in die Rolle des sprichwörtlich „bösen Mädchens", das man schon aus einer Entfernung von einer Meile erkennen kann. Sie ist dabei, „ihre Stadt aufzumischen". Noch stärker wirkt „Last To Know", obwohl das Thema nicht durch Originalität überzeugen kann. Der Text handelt von einer Frau, die herausfindet, dass sie betrogen wird, wobei die Musik mit den beeindruckenden Hooks so frisch und energiegeladen klingt, als wäre sie erst gestern aufgenommen worden. „Tonight's The Night" zollt dem R'n'B Tribut, genau genommen der härteren Sixties-Variante von Stax – die knackig arrangierten Bläser und der beseelte Groove wecken Erinnerungen an alte Wilson-Pickett-Nummern. Auf „Oh My God“ erfüllen sich Pink und die rotzfreche Sängerin Peaches zugleich ihre Stevie-Nicks-Träume wie auch ihre lesbischen Phantasien.

Der „hidden track“ „Hooker“ (nur auf den „unzensierten“ CDs enthalten, denn *Try This* war Pinks erstes Album, das in zwei Versionen auf den Markt kam: Eine wurde mit einem Warnhinweis (Parental Advisory) bestickert und umfasst 15 Songs, die „jugendfreie“ Variante hingegen enthält 14 Tracks) ist erneut eine Komposition von Pink/Armstrong. Im Text des Songs wird über einen namenlosen Verleumder gelästert („You ain’t nothin’ but a hooker, sellin’ your fuckin’ soul“), die Zeilen sind mit Schimpfwörtern gespickt, aggressiv und beißend. Die Musik vermittelt das Gefühl einer Kakophonie der Missklänge. „Save My Life“, „Humble Neighborhoods“, „Walk Away“ und „Unwind“ klingen ähnlich wie der Mainstream in den Achtzigern und erinnern an Musikerinnen wie Pat Benatar, die damals ihre große Zeit hatten. Die Erzählstränge in der dritten Person und/oder das klare Rollenspiel bestärken in der Vermutung, dass *Try This* alles in allem weniger bekenntnishaft angelegt war als der Vorgänger. Die Songs handeln weniger von Pink selbst, sondern sind eher spontane Umsetzungen von Themen, die Pink bewegten oder die sie mit aller Schärfe kritisch aufgreifen wollte.

Zu Beginn des Songwritings und der Aufnahmen sah sich Pink mit einem Problem konfrontiert: Wie wiederholt man den Erfolg von *M!ssundaztood*, ohne sich selbst zu wiederholen? Sie würde sich auf jeden Fall Kritik einfangen – entweder von den Fans, die nicht wollten, dass sie sich zu weit von den Ansätzen der zweiten CD entfernt, oder von denjenigen, die einen kompletten Neustart wie nach ihrem Debütalbum begrüßen würden, gemäß dem Konzept: „Reiß alles auseinander und fang von vorne an". Auf *Try This* versuchte sie, den unterschiedlichen Erwartungen gerecht zu werden, und konnte so tatsächlich beide Lager zufriedenstellen. Man könnte allerdings der Meinung sein, dass die neuen Themen, auf die Pink ihre Wut und ihren Hass richtete, nicht die gleiche Überzeugungskraft ausstrahlten wie zum Beispiel die Thematik der zerrütteten Familie in dem Song „My Vietnam" von *M!ssundaztood*.

Ein Kritiker schrieb ungefähr zur Zeit der Veröffentlichung von *Try This*: „Ob man es mag oder nicht – Pink steckt in dem entscheidenden Dilemma des Erwachsenwerdens eines Punks und den damit einhergehenden Verantwortlichkeiten. Ob sie nun die Zeit mit ihrer Wut vergeudet oder sich den neuen Herausforderungen stellen wird, bleibt abzuwarten."

Das Album erhielt von den Kritikern meist positive Besprechungen und wurde auf der „Metacritic-Webseite" mit einem Durchschnitt von 70 bewertet. Das *New York Magazine* wich hingegen von den positiven Reviews ab und bemerkte, dass „Pink auf eine Ernsthaftigkeit abzielt, die die Rührseligkeit einer Reality-Show hat". Der *Guardian* kommentierte: „Wie vieles andere aus der Popwelt, klingt es [das Album *Try This*] wie eine fahle Imitation der zweiten Platte." *Entertainment Weekly* honorierte das Album mit einer positiven Besprechung: „Ein melodiöses, vereinnahmendes Statement, das Pinks Ausdrucksmöglichkeiten erweitert und bei dem sie gleichzeitig mit wilder Kraft an ihrem jähzornigen, inneren Kind festhält."

In rein kommerzieller Hinsicht war *Try This* nicht so erfolgreich wie Pinks zweite CD; tatsächlich ist es das Album, das bislang am wenigsten Einheiten absetzen konnte. Es stieg im November

2003 auf Platz neun in die US-*Billboard* 200 ein, konnte innerhalb der ersten Woche 147.000 Tonträger verkaufen und war damit schwächer als *M!ssundaztood*. Am 2. Mai 2004 hatte es die Top 10 der Albumcharts in Großbritannien, Kanada und Australien erreicht, dem Land, in dem Pink schon immer sehr große Erfolge feiern konnte. Im März 2007 hatten sich in den USA 719.000 und weltweit drei Millionen Einheiten verkauft, ein relativer Flop im Vergleich zum Vorgänger.

Auch die Singles konnten sich nicht durchsetzen. „Trouble“ und „God Is A DJ“ ereichten noch nicht einmal die US Top 40, kamen aber in anderen Ländern zumindest in die Top 10. „Last To Know“ wurde als Single nur außerhalb der Vereinigten Staaten auf den Markt gebracht. (Wahrscheinlich waren sich die Verantwortlichen dessen bewusst, dass Pink außerhalb ihrer Heimat eine größere Popularität genoss. Die *Try This*-Tournee führte sie denn auch hauptsächlich durch Europa und Australien, wo das Album allgemein auf größere Resonanz stieß.)

Zu den positiven Aspekten ist anzumerken: Pink erntete mit „Trouble“ ihren zweiten Grammy in der Kategorie „Beste weibliche Rock-Vocal-Performance“ und „Feel Good Time“, das nur auf den Albumversionen außerhalb der USA zu finden war, brachte ihr eine Nominierung in der Kategorie „Beste Pop-Kooperation mit Vocals“ ein.

„Trouble“, die erste Auskopplung der Scheibe, kletterte in Kanada auf Platz zwei und kam in Großbritannien und Australien unter die Top 10. In den USA lief es deutlich schlechter, denn nach der Veröffentlichung im Oktober 2003 konnte der Song in den *Billboard* Hot 100 nur einen 68. Platz als Höchstnotierung erklimmen. Davor wurde „Catch Me While I'm Sleeping“ als Promotion-

Single (die nur Medienvertretern zugänglich war) in den USA veröffentlicht. In Großbritannien hingegen lag eine CD-R von „Humble Neighborhoods“ in den Briefkästen der Radiosender und Journalisten. Die nächste reguläre Single „God Is A DJ“ gelangte im März 2004 noch nicht einmal in die Hot 100 in den USA, obwohl sie im Vereinigten Königreich den elften Platz erobern konnte. Die dritte Single „Last To Know“ kam exklusiv in Europa auf den Markt und erreichte in Großbritannien die Höchstnotierung mit Platz 21.

Doch Pink sollte sich danach einem noch neuen Medium zuwenden und so wurde die *Try This*-Tournee im Jahr 2004 in Europa mitgeschnitten und 2006 als DVD veröffentlicht. Zwischenzeitlich und auch noch später konnten sich einige Singles des Albums in der Welt des Kinos etablieren. „Trouble“ war in den Filmen *White Chicks* (2004) und *Miss Congeniality: Armed And Fabulous* (2004) [*Miss Undercover 2*] zu hören. „God Is A DJ“ befand sich auf dem Soundtrack zum Streifen *Mean Girls* [*Girls Club – Vorsicht bissig*].

Für die Umsetzung der Videodrehs unternahmen Pink und die jeweiligen Regisseure, wie auch schon bei vorhergehenden Aufnahmen, nette, kleine „Ausflüge“. Wegen der Western-Handlung entschlossen sie sich bei „Trouble“ für einen „Ausflug in die Wüste“. Im Video reitet Pink mit einem Pferd in einen fast verlassenen, staubigen Ort namens Sharktown. Schwer atmend, wobei ihr Busen gut zur Geltung kommt, verprügelt unsere Heldin jeden Mann, der ihren Weg kreuzt. Im Saloon legt sie sich mit den Gästen an und sogar der Sheriff kommt an die Reihe, woraufhin er sie in eine Zelle des nahegelegenen Gefängnisses „einlocht“. Irgendwie gelingt ihr aber die Flucht und sie geht wieder zur Bar, um weiterzukämpfen. Am Ende ist Pink zusammen mit anderen Frauen – die von den Mitgliedern der Pop-Girl-Group Pussycat Dolls gespielt werden – tanzend auf dem Tresen zu sehen.

Bei „God Is A DJ“, einem Song, der von Mühelosigkeit und Lebensgier handelt, zeigt die Handlung Pink in einem aufgedonnerten Outfit, wie sie in einer U-Bahn die Fahrgäste sexuell anmacht, ein „Schicksal“, das dann auch den Leuten eines Nachtclubs bevorsteht, den sie besucht.

Das Promotion-Video zu „Last To Know“, ihrer ersten Single, die in Großbritannien nicht unter die Top 20 kam, besteht aus einer Montage verschiedener Aufnahmen ihrer *Try This*-Tour in Europa. Eigentlich sollte noch ein für die TV-Sender vorgesehenes Video gedreht werden, aber man ließ die Pläne auf Grund sinkender Umsätze fallen.

Try This kann im Vergleich zu *M!ssundaztood* sicherlich nicht als durchschlagender Erfolg bezeichnet werden, zeigte aber deutlich Pinks Bemühungen, sich neu zu erfinden. Sogar LA Reid, der sich sicherlich tief im Herzen immer noch das R'n'B-Girlie Pink wünschte, war vorsichtig optimistisch, als er das Album und den leichten, punkigen Touch hörte.

„Es hat nie einen richtigen Konflikt gegeben“, erzählte er mit seinem trockenen Humor. „Ich wollte nur darauf achten, dass sie an ihre wahren Fans denkt, die sie mit dem ersten Album gewonnen hat. Pink ist eine sich blitzschnell entwickelnde Künstlerin. Sie kann wie eine Janis Joplin singen, sie hat diesen rauen Ton und die stimmliche Bandbreite. Ich bin sehr gespannt, wie *Try This* läuft, denn Pink hat ihre Identität gefunden. Aber wir wissen ja, dass sie sich schnell verändern kann.“

Und Pink – ja, sie hat gemacht, was sie machen musste. Auch wenn das bedeutete, einige Millionen Einheiten weniger zu verkaufen! Für sie stand die Maxime „wahr, ehrlich und authentisch" im Vordergrund – Pink eben!

„Ich wusste, das sich viele Leute ein *M!ssundaztood II* wünschten", erzählte sie kurz nach der Veröffentlichung von *Try This*. „Aber ich muss meinen eigenen Weg verfolgen. Ich bin erwachsen geworden. Das Album spiegelt mich wider, so wie ich jetzt gerade drauf bin. Ich bin eine Frau. Ich erlebe jetzt die Liebe, die Unsicherheit, eben all diese Dinge. Ich versuche auch die Beziehung zu meinen Eltern zu kitten, was mir immer besser gelingt. Mit meiner Musik kehre ich mein Innerstes nach außen. Ich lege mein ganzes Herzblut hinein."

Dann erklärte sie ihre Philosophie noch genauer: „Wir alle sind auf einer Lebensreise. Ich weiß, dass ich ganz unten war und dass es mir hier oben besser gefällt. Ich will weiterklettern. Mich weiterentwickeln. Für mich ist das Ganze kein Spiel. Es ist mein Leben."

Kapitel 4

Heisse Zwischenspiele und lustvolle Küsse

„Ich will nichts wiederholen und kopieren. Warum? Authentische Künstler sind im Musikgeschäft fast gar nicht zu finden, denn sie werden beschnitten und eingeschränkt. Und ich will authentisch bleiben!“

Pink hat durch ihre Musik große Popularität erreicht – und nicht zuletzt auch hart dafür gekämpft. Nun kamen aber auch ihre Eskapaden und Abenteuer ans Tageslicht. Das war unvermeidbar, bedenkt man das Ausmaß ihres Erfolges seit dem Debüt. Sie mochte vielleicht nicht so über die Stränge schlagen, wie, sagen wir mal, eine Britney Spears, aber das lag nur an dem Betrachtungswinkel. Während Spears den Weg „Braves Mädchen wird böse“ einschlug, hatte Pink schon von Beginn an den Ruf, „böse“ oder zumindest ein „verdorbenes Luder“ zu sein.

Der Bekanntheitsgrad der Frau, deren Verdienste darin lagen, den Teen-Pop hin zum Punk geöffnet zu haben, war groß genug, um ständig im grellen Scheinwerferlicht der Medien zu stehen – und das sogar während der Zeit, in der sie keine Promotion machen musste. Zwischen dem dritten Album (*Try This*, 2003) und dem vierten (*I'm Not Dead*, 2006) wurde sie von VH1 unter die Top 100 der „Sexiest Artists Alive“ gewählt und empfing einen World Music Award für ihre Leistungen als „Beste weibliche Pop-Sängerin“. Natürlich hat es ihrem Image kein bisschen geschadet, dass sie ein lebendiger, farbenfroher Charakter ist, der sich nicht selbst zensiert oder chamäleongleich das Verhalten der jeweiligen Umgebung oder den Umständen anpasst.

„Ich mag es, alles aufzumischen, Meinungsverschiedenheiten zu provozieren, Diskussionen anzuheizen und die Lächerlichkeit vieler Themen hervorzuheben – ich weiß, in mir steckt ein heilloses Durcheinander von Konflikten und ich bin voller Fehler!", lautete ein Kommentar der jungen Dame, die sodann verschmitzt fortfuhr: „Witzig, nicht wahr? Zwischendurch solltest du dir mal die Songs anhören, die ich rausgebracht habe."

Pink macht genau das, was sie will – ohne Rücksicht auf die Konsequenzen. Das war schon immer ein Teil ihrer Natur. Bei den MTV Awards 2002, wo der Song „Get The Party Started" für die Kategorien „Bestes Video einer Frau" und „Bestes Pop Video" nominiert wurde, verbrachte sie einen Großteil der Feierlichkeiten in einem Zustand „fortgeschrittener Trunkenheit". Pink war verblüfft, wie schockiert sich die Leute über ihr Verhalten zeigten.

„Ich kann einfach nicht glauben, was von dir in der Öffentlichkeit alles erwartet wird", erzählte sie verärgert Neil Kulkarni vom *Bang*-Magazin nach der Veranstaltung. „Die haben so ein Aufsehen gemacht, nur weil ich bei den MTV Awards besoffen war. Warum nur? Da kamen dann Ratschläge wie: ‚Du strahlst die falsche Botschaft aus.' Nee – habe ich nicht! Mir war langweilig. Ich saß im Publikum und wusste nicht, dass ich gefilmt werde. Ich habe überhaupt nicht mit einem Preis gerechnet."

Pink zufolge ging sie auf die Party, um „abzuhängen und Spaß zu haben – wir mögen es, Party zu machen und eine tolle Zeit zu haben". Ihr Produktionsmanager war so nett und achtete darauf, dass kein Glas leer blieb! „Er kam immer wieder mit neuem Bier an – natürlich trinke ich das dann auch." Als ihr Name aufgerufen wurde, befand sich Pink ganz und gar nicht mehr auf dem Boden der Tatsachen.

„Ich war total schockiert", erinnerte sie sich. „Ich ging da rauf [auf die Bühne], jeder starrte mich an und plötzlich überkam mich so ein unangenehmes Gefühl. Jeder kennt doch diesen Traum, zur Schule zu gehen und auf einmal zu merken, dass man nackt ist und dass alle Leute einen anstarren – und genau so habe ich mich da gefühlt – zum ersten Mal in meinem Leben. Ich stotterte dann nur: ‚Ich bin zu betrunken. Ich habe auch keinem etwas zu sagen. Danke …'"

Pinks Strategie besteht nach eigener Aussage darin, den Erwartungshaltungen anderer Menschen nicht zu entsprechen: „Wenn du dich normal gibst, meinen die Leute, du bist ein Freak. Ich will nichts wiederholen und kopieren. Warum? Authentische Künstler sind im Musikgeschäft fast gar nicht zu finden, denn sie werden beschnitten und eingeschränkt. Und ich will authentisch bleiben!"

Als ein Beispiel führt sie das unkonventionelle Verhalten an, als Popstar bei einer Partysause oder als Spaziergängerin keine Bodyguards zu engagieren. Das hat sie schon bei mehr als einer Gelegenheit in Bedrängnis gebracht, wie etwa bei einem Zwischenfall, als sie allein in New York unterwegs war: „Eine Frau versuchte mich am Times Square zu kidnappen", erzählte sie der *Mail On Sunday*. „Eigentlich war das ziemlich spaßig. Ich schlenderte so herum, ließ es mir gutgehen und plötzlich kam diese Frau auf mich zu und meinte ganz aufgeregt: ‚Hey, du bist Pink.' Ich nickte einfach und lächelte. Dann packte sie mich am Arm und bedrängte mich: ‚Ich nehme dich jetzt mit zu dem Haus meiner Tante.'" Viele Prominente haben Probleme mit Begegnungen in der Öffentlichkeit – aber nicht Pink! „Mich juckt das überhaupt nicht. Ich komm damit schon selber klar, denn ich kann meine Fähigkeiten im Nahkampf gut einschätzen. Ich blickte die Frau an und erwiderte: ‚Das glaube ich aber nicht.' Sie ließ einfach nicht los und versuchte mich zur U-Bahn zu zerren. Ich musste ein wenig in mich hineinlachen: ‚Bin ich der einzige Mensch, dem so was passiert?‘ Zum Schluss habe ich sie kräftig durchgeschüttelt und ein energisches ‚Nein‘ gebrüllt.“ Pink bereute beinahe ihre Entscheidung. „Als sie gegangen war, habe ich mich ein wenig geärgert. Ich hätte sie fragen sollen, ob ihre Tante gute Spaghetti Bolognese macht. Wenn sie das mit einem ‚Ja‘ beantwortete hätte, wäre ich mitgekommen.“

Ein weiteres Beispiel für ihre damalige Hartnäckigkeit war die Weigerung, einen Love-Song zu schreiben. Sogar „Love Song“, der letzte Track auf *Try This*, handelte davon, nicht verliebt zu sein. „Ich habe vor dem Album niemals Liebeslieder geschrieben, das konnte ich nicht. Einfach ‚I love you‘ zu singen und mir dabei einen Typen vorzustellen, dem ich direkt in die Augen schaue. Die Liebe ist nicht so einfach gestrickt. Ich will Liebeslieder schreiben, die von der Furcht handeln, die mit der Liebe einhergeht. Ich kann mich einfach nicht mit so platten und offensichtlichen Texten abfinden.“

Hätte sich zu diesem Zeitpunk jemand vorstellen können, dass die abgefahrene, gesellige, tätowierte und wilde Frau mit den pinken, in Day-Glo gefärbten Haaren in der Öffentlichkeit mit einer Frau flirtet oder sie sogar küsst? Aber genau das stand bei ihr auf dem Programm, als sie weltweiten Ruhm erlangt hatte und die Medien sie ständig beobachteten. Die Leute vermuteten sowieso schon seit längerer Zeit, dass „das Pendel bei ihr nach beiden Seiten ausschlägt“.

„Ich bin stolz darauf, für lesbisch gehalten zu werden“, erklärte sie der Journalistin Louise Gannon. „Die Leute haben das schon immer von mir gedacht – wegen der Tattoos, dem kurzen Haar, meinem gesamten Auftreten und meiner Grundeinstellung. Das ist mir aber völlig egal. Ich mag es, die Vorurteile der Leute anzugreifen. ‚Ne Menge meiner Freunde sind gay und es bringt mich echt auf die Palme, dass sie in den meisten Teilen der USA nicht heiraten dürfen. Wenn ein Protestmarsch für die Rechte schwuler und lesbischer Menschen ansteht, bin ich immer dabei."

Im Oktober 2003 zeigte Pink erneut, dass es ihr völlig egal war, was die Leute in Bezug auf ihre sexuelle Orientierung dachten. Sie wurde im innigen Kontakt mit der Schauspielerin Kristanna Loken fotografiert, die gerade eine Hauptrolle in *Terminator 3: Rise Of The Machines* [*Terminator 3: Aufstand der Maschinen*] gespielt hatte, obwohl man Pink schon seit den X Games 2001 in Philadelphia immer wieder in Verbindung mit dem Motocross-Fahrer Carey Hart brachte, so wie auch mit Lars Frederiksen von Rancid. Doch im Verhältnis zu Loken schien sie andere Seiten an sich zu entdecken. Die Musikerin und die Schauspielerin ließen sich mehrmals zusammen in der Öffentlichkeit blicken. Die Zeitungen berichteten, dass „das erstaunliche Paar – die langbeinige Blondine und das ‚Get The Party Started'-Rock-Chick – dabei fotografiert wurden, wie sie sich bei einer Party in Monte Carlo an einem Samstagabend lustvoll küssten. Am nächsten Tag ging der Spaß im exklusiven Nachtclub Jimmy'z dann weiter". Als es sich die beiden auf der Tanzfläche „gemütlich machten", war da plötzlich dieser „intime Moment, als sie sich gegenseitig in die Augen schauten", wie ein Clubbesucher bemerkte. „Die beiden haben kaum mehr Luft bekommen. Sie rieben sich aneinander, ihre Hände schienen überall zu sein." Als Pink an diesem Abend einen Fotografen bemerkte, flippte sie aus und zerrte Loken in eine dunkle Ecke, um ein wenig mehr Privatsphäre zu genießen. Doch schon nach kurzer Zeit konnten alle das Pärchen erneut beobachten. Loken erklärte gegenüber der Presse: „Es ist viel, viel schöner, ein Mädchen zu küssen als einen Mann. Um ehrlich zu sein, es ist intimer. Es ist einfach viel sinnlicher. Ich glaube, Frauen können eine innigere Beziehung untereinander eingehen, obwohl ich Männer auch attraktiv finde. Manchmal möchten es Mädchen einfach mit einer Freundin machen. Meistens kommen dann auch positive Reaktionen der Männer, die dir dabei zusehen. Als ich Pink küsste, war es nicht das erste Mal, das gab es … aber mein Gott, jetzt werde ich wirklich nicht zu viel verraten."

Im November des Jahres sorgte Pink für ein gewisses Aufsehen, als sie bei den American Music Awards auftrat, bei denen sie eine Akustik-Version des Hits „Trouble" sang, denn sie erschien mit neu gestylter Haarpracht. Sie trug ihre Haare nun im alten blond/schwarzen Hollywood-Stil. Sie hatte die Fans schon vor der Show auf dem roten Teppich heiß gemacht, denn sie erschien in einem durchsichtigen schwarzen Kleid, das den Blick auf scharfe Spitzendessous zuließ. Doch es war „Rachegöttin" Britney Spears, die ihr fast die Show gestohlen hätte, denn als sie ankam, öffnete sie schwungvoll ihren langen silbernen Mantel, unter dem ein provokantes pinkes und schwarzes Leder-Outfit zum Vorschein kam – das superenge Korsett, ein hauchzartes Höschen und kniehohe Stiefel mögen wohl in der Tat einigen die Köpfe verdreht haben, als sie die Feierlichkeiten im Shrine Auditorium von Los Angeles eröffnete. Auch der R'n'B-Star Ashanti versuchte alles, um die Aufmerksamkeit der Medien auf sich zu ziehen. Als sie ihren Hit „Rain On Me" sang – dafür simulierte man eigens einen Regenschauer auf der Bühne –, trug sie nur einen sehr dünnen Minidress. Teenagestar Hilary Duff, eine Sängerin/Schauspielerin, konnte auch mit einem neuen Look glänzen, denn sie hatte sich schwarze Strähnchen machen lassen, ganz im Stil von Christina Aguilera. Als sie dann mit dem Song „So Yesterday" auftrat, war es vorbei mit dem Image des „braven Mädchens", denn sie rockte in hochhackigen Lederstiefeln und ganz in Schwarz gekleidet.

Im Dezember 2003 konnte Pink mit einer weiteren Prominentenaffäre das mediale Interesse auf sich ziehen, doch diesmal tobte sie sich in heterosexuellen Gefilden aus. Oft zeigte sie sich mit Tommy Lee, dem berüchtigten Mötley-Crüe-Drummer, der sich durch seine Zeit als bessere Hälfte von Pamela Anderson einen „ordentlich schlechten" Ruf erarbeitet hatte. Pink und er waren dem Bericht eines der amerikanischen Skandalblättchen zufolge auf einer Party „so notgeil, dass sie unentwegt aneinander herumfummeln mussten". Danach „genossen sie eine scharfe Zeit auf dem Klo". Ein Journalist bemerkte beiläufig: „Das wilde Pärchen – das seit letztem Monat zusammen ist – ließ sich in dem New Yorker Nachtclub Lotus blicken, der dem Promoter Ronnie Madras gehört. Die beiden platzten fast vor sexueller Energie. Sogar Madras empörte sich über das, was er da sah." Der Promoter erinnerte sich daran, dass „Tommy und Pink schon für hochgezogene Augebrauen gesorgt hatten, weil sie während ihres Essens abwechselnd mit einer unbekannten Frau rummachten, bevor sie schließlich auf der Toilette verschwanden". In einem Nachsatz verriet er dann noch, dass er die beiden erwischte und dass „Tommy sich vermutlich mit heißem, stimulierendem Sex mit der ‚Trouble'-Sängerin vor einem Urinal vergnügte".

Ob Pink mit solchen Aktionen das Interesse an *Try This* pushen wollte, ein Album, dessen erste Verkaufszahlen im November 2003 für Enttäuschung sorgten, sei dahingestellt. Durch ihre Eskapaden und Kapriolen blieb sie aber im öffentlichen Bewusstsein. Über ihre Beziehung zum Rock-Monster Tommy Lee meinte sie, dass „wir nur gute Freunde sind", und fügte hinzu, dass er „ein witziger Typ mit einem miesen Ruf ist".

„Ich verehre ihn", behauptete sie. „Wir haben uns auf einer Party getroffen und es hat sofort Klick gemacht. Mit ihm kannst du gut abhängen. Ihm sind Meinungen anderer Leute scheißegal und das ist selten."

Über ihre Beziehung zu Kristanna Loken erzählte Pink verschmitzt einem Reporter: „Was auch immer du gesehen hast, es ist alles so geschehen." Der Schreiberling hakte nach und fragte Pink, ob sie ihre feste Freundin sei: „In dieser Nacht ja", erwiderte Pink in Bezug auf den Abend, als sie sich innig küssten. „Wir haben einfach abgetanzt und dann knutschte sie mich. Sie versuchte mich zu dominieren, obwohl ich mich nicht beherrschen lasse."

Pink wurde dann zu ihrer sexuellen Orientierung befragt und wie sie es sich erkläre, dass so viele Leute erpicht darauf seien, sie unbedingt als Lesbe oder sogar lesbische Ikone zu sehen.

„Ich weiß es nicht. Ich vermute mal, weil ich hart bin", lachte sie. „Viele meiner Freunde sind schwul, die meisten Freundinnen lesbisch. Mir ist das vollkommen egal. Als meine Karriere ins Rollen kam, tuschelten alle: ‚Ist sie weiß, ist sie schwarz, stammt sie von gemischtfarbigen Eltern ab oder ist ihr Background spanisch?' Tatsächlich bin ich eine irisch-deutsch-litauisch-jüdische [Frau] … Aber zurzeit interessiert alle nur: ‚Ist sie lesbisch, ist sie hetero, ist sie bi … oder vielleicht sogar tri? Was ist sie denn nun?'"

Denkt Pink, dass eine Beziehung zu einer Frau einfacher wäre? „Oh verdammt, nein. Frauen quatschen liebend gerne über alles Mögliche, über viel zu viel Scheiße … Wenn ich mit einer Frau zusammen wäre, würde ich die Rolle des Typen spielen, mit Sprüchen wie: ‚Na los, halt schon die Schnauze!'"

Pink hat sich selbst als „trisexuell" bezeichnet und erklärt, dass sie alles „mindestens ein Mal ausprobiert". In Bezug auf Männer meinte sie, dass „sie genauso sensibel und unsicher wie Frauen sind. Ich kann dir nicht sagen, wie viele meiner männlichen Freunde länger brauchen als ich, bis sie fertig sind – das ist verrückt! Das zeigt doch, dass wir alle unsere Hänger und Komplexe haben – und das finde ich ermutigend." Pink gab zu, dass sie einmal in einer Situation steckte, in der ein Mann sie ändern wollte. Sie machte ihm schnell klar, wohin er sich verziehen sollte.

„Ich hatte mal ein Date mit einem Typen", erklärte sie in einem Interview mit der *Cosmopolitan*, „der wollte, dass ich eher ladylike rüberkomme. Ich hab ihm dann gesagt, wohin er sich seine Idee stecken kann. Unabhängigkeit macht einen Menschen so besonders. Viele Leute verändern sich in Beziehungen, so als würden sie zum Ideal des anderen zusammenschmelzen. Aber dabei verlierst du einen großen Teil deines Selbst und bist nicht mehr der Mensch, in den sich dein Gegenüber vor allem verliebt hat. Keine Frau sollte sich verändern, um sich einem Mann anzupassen." Der Journalist des *Cosmopolitan* wollte wissen, ob Pinks starke, unabhängige Persönlichkeit Männer einschüchtert. „Nicht die Männer, die ich kenne. Ich glaube, dass Menschen, die wissen, wer sie sind, eine überwältigende Attraktivität ausstrahlen."

Ist Pink wirklich so hart, wie sie wirkt, oder ist das Ganze nur eine aufgesetzte Show? „Das ist keine Schauspielerei", erklärte sie gegenüber dem *Look*-Magazin und enthüllte dabei, dass sie regelmäßig während der Werbung für Welpenfutter den Tränen nahe ist. „Die Leute habe sich eben diese Seite von mir ausgesucht. Eigentlich bin ich aber sehr freundlich. Die härtesten Leute sind meistens die sensibelsten. Wir müssen diese Schutzmauer um uns herum aufbauen, als wollten wir damit ausdrücken: ‚Ich stoße dich zurück, denn du kannst mich verletzen.'"

In einem Interview mit Craig McLean für den *Independent On Sunday* äußerte sich Pink zu ihren lesbischen Tendenzen: „Ich war niemals eine Lesbe, hatte aber meine Phasen“, gab sie zu. „Mit 13 war ich mit einem Mädchen zusammen, das mich dann wegen meines Bruders verließ. Das hat mich richtig angepisst. Wir hielten Händchen, küssten uns, sie war halt meine Freundin – mehr machst du mit 13 ja noch nicht. Und sie hat mich wegen meines verdammten Bruders verlassen, was ich bizarr, verdreht, beschissen und eklig fand. Mein Bruder schnappte mir immer alle Freundinnen weg … Aber klar, Frauen sind wunderschön und die meisten meiner Freundinnen sind Lesben. Ich liebe Frauen, besonders kurvenreiche. Wir sind halt am schärfsten. Wenn man eine nette, kurvenreiche Frau sieht, kommt einem schnell der Gedanke: ‚Warum nicht.‘“

Vor einem Interview konnte sich Pink nicht drücken – es wurde von einem Reporter der *Attitude* geführt, der Bibel aller Homosexuellen. Sie erzählte enthusiastisch von ihrem Gig in dem Londoner Nachtclub G-A-Y. „Ich hatte so viel Spaß. Das Publikum reagierte unbeschreiblich und wild! In jeder Stadt, in der ich singe, besteht mein Publikum aus Homos, Lesben und Heteros. Das Konzert brachte total viel Spaß – es war so energiegeladen. Ich behaupte mal, es gehört zu meinen Lieblingskonzerten.“ Pink stellte sich auch den Fragen der Leser von *Attitude* bezüglich ihrer Sexualität. Eine Leserin wollte explizit wissen, ob sie nun eine Lesbe sei oder nicht. Sie antwortete: „Ich möchte diese Person ja gerne beglücken, kann es aber im Moment nicht. Ich habe zwischen den beiden Lagern rumgemacht, stehe aber im Moment nur auf Schwänze. Was mich bei einem Mädchen anmacht? Da bin ich mir nicht so sicher. Für mich sind die Energie und das Vertrauen wichtig – egal, ob es nun ein Junge oder ein Mädchen ist.“ Ein anderer Leser stellte die Frage, warum „diese starke Beziehung“

zur Gay-Szene schon „vom ersten Tag" an bestehe, und vermutete, dass Pinks androgynes Image und ihre harsche, direkte Art der Grund für diese Verehrung sein könnte. „Mir wurde das vermutlich schon auf der ersten Tour klar. Ich vermute mal, dass ich irgendwie androgyn wirke, und das gefällt mir – darum mag ich auch Annie Lennox so sehr. Der überwiegende Teil meiner Freunde ist schwul oder lesbisch. Nein, eigentlich nicht die meisten, aber viele. Vor dieser Zeit bestand mein Freundeskreis meist aus Schwarzen. Vermutlich kann ich mich gut mit Menschen identifizieren, die auf ihrem Lebensweg Probleme gehabt haben. Ich würde nicht behaupten, eine Homo-Tusse gewesen zu sein, eine Frau, die nur Schwule in ihrem Freundeskreis hat. Ich stehe eher auf eine Art ‚Rudel-Ficken' – in dem Sinn, dass ich gerne alle möglichen Leute zusammenbringe und das liebe."

Für weniger positive Publicity sorgte Pink im Januar 2004 bei einem Zusammenstoß mit Britney Spears und Beyoncé Knowles, den beiden Co-Stars in einem neuen Pepsi-Werbeclip, der im alten Rom spielte. Die nur dürftig bekleideten Weltstars spielten die Rolle von Gladiatoren in einem Amphitheater, umgeben von einer tobenden Menge. Der Part des römischen Herrschers wurde von Enrique Iglesias übernommen. Während der Filmaufnahmen für den Softdrink verblüffte Britney ihre Kolleginnen, als sie auf sie losging und heftig ausrastete, gefolgt von einem „üblen Streit" mit der Destiny's-Child-Schönheit. Während der Premiere des Clips in London rissen sich die drei noch mal zusammen, um nur kurze Zeit später in dem Restaurant Nobu einen „hitzigen Zusammenstoß" anzuzetteln, wie Großbritanniens Regenbogenblatt *Daily Star* berichtete. Obwohl die Organisatoren des Events versucht hatten, das kampflustige Trio auseinanderzuhalten, trafen sich die Sängerinnen zum Dinner in dem Nobelrestaurant – nach zehn Minuten verließ Spears wutschnaubend das Essen. Eine dieser

„verlässlichen“ Quellen, die scheinbar alles über Stars wissen, meinte: „Es war lächerlich. Pepsi hat Millionen springen lassen, um das Super-Trio für die Anzeigenkampagne zu engagieren, und sie können noch nicht einmal für die Dauer eines Essens freundlich zueinander sein. Beyoncé giftete schnippische Kommentare in Britneys Richtung, die sich mit allen Regeln der verbalen Kampfeskunst wehrte. Pink saß einfach mit einem versteinerten Gesicht da. Es hatte den Anschein, richtig übel zu werden, aber dann stürmte Britney aus dem Lokal – mit einem Gesicht, in dem sich gerade ein Gewitter entlud.“

Im folgenden Monat sah man Pink wieder in den Medien, doch diesmal, ohne dass sie dabei persönlich für Aufsehen sorgte. Die Schauspielerin Drew Barrymore amüsierte die Zuschauer der Comedy-Show *Saturday Night Live*, indem sie haarsträubende Parodien auf Pink wie auch Charlize Theron zum Besten gab. Sogar die ehemalige „First Lady“ der USA, Hillary Rodham Clinton, blieb nicht verschont – sie wurde als naives Sixties-Chick dargestellt. Doch das war noch nicht alles: Auch die vom Schicksal gebeutelte Anna Nicole Smith, die sich ihre Lover am liebsten in der Geriatrie aussuchte, und die verstörte Rockmusikerin Courtney Love standen auf der Liste.

Einige Zeit später verbreiteten sich Gerüchte, dass Pink die Hauptrolle in einer Filmbiografie bekommen sollte und zwar über das Leben der wohl wildesten und außergewöhnlichsten Frau der Rockgeschichte – Janis Joplin. Merkwürdigerweise hatte man auch Reneé Zellweger angefragt, diesen Part zu spielen, in einem zeitgleich geplanten anderen Film, der ebenfalls das Leben der Sixties-Ikone thematisierte, die am 27. Oktober 1970 an einer Heroin- und Alkoholüberdosis einsam in einem Hotelzimmer in Hollywood starb. Die Arbeiten an Zellwegers Film, nach dem

Joplin-Song *Piece Of My Heart* betitelt, waren aber auf Eis gelegt worden, da die Produzenten sich nicht auf einen endgültigen Drehbuchentwurf einigen konnten. Somit stand Pinks filmischer Karriere – ihr Streifen sollte *The Gospel According To Janis* heißen – eigentlich nichts mehr im Wege: Falls sich alles in die Tat umsetzen ließe, würde damit einer der größten Herzenswünsche Pinks in Erfüllung gehen. Sie verehrte Joplin schon seit Jahren – wegen ihrer Musik, ihrer Ernsthaftigkeit und der ungezügelten, berauschenden und überschwänglichen Lebenslust.

Mehr als alle anderen hatte ihr Janis wichtige Lektionen erteilt. Pink erkannte, dass sie, um Erfolg als Pop-Rock-Superstar zu erlangen, kein durchschnittliches, niedliches Girlie sein durfte. Sie hat ihre tiefe Verehrung für die Sixties-Ikone immer wieder geäußert und steht noch immer dazu. Wenn sie als Künstlerin eine andere Person sein könnte, würde ihre Wahl einzig auf Joplin fallen. Vielleicht sind so auch der bluesige, raue Unterton in ihrer Stimme zu erklären und das furchtlose, energische Verhalten, mit dem sie ihren Weg geht.

„Janis Joplin ist meine Mentorin, weniger musikalisch, sondern eher spirituell. Sie war die erste Rebellin der Rockmusik: Sie hat sich von der Masse abgehoben, weitaus deutlicher als andere Menschen."

Mit Blick auf ihre Karriere als Schauspielerin sorgte Pink für einige Verwirrung, als sie im Dezember 2004 bekanntgab, dass sie ihre innersten Gedanken und Gefühle preisgeben und deshalb einen Film drehen wolle, der ihren Aufstieg zum weltweiten Superstar zeigt. Er sollte auf ihren Tagebuchaufzeichnungen basieren. Kurz vorher hatte sie sich dafür entschieden, den angedachten Joplin-Film zu verschieben. Pink, deren schauspielerische Erfahrungen sich auf eine Nebenrolle in *Drei Engel für Charlie* beschränkten, meinte dazu: „Ich will ein Drehbuch verfassen, das sich auf sie [ihre Tagebücher] stützt. Sie sind schockierend, inspirierend und darüber hinaus ehrlich und wahr bis zur letzten Zeile." Pink dachte darüber nach, den Film einfach *The Diary Of Pink* zu nennen – knapp und direkt.

Im darauffolgenden April konnte sich Pink erneut über einige Schlagzeilen freuen, für die aber diesmal ihr zeitweiliger Liebhaber Carey Hart verantwortlich war. Er sollte zu den Celebrities gehören, die an der schrägen US-Reality-Show *The Surreal Life* teilnahmen, bei der eine Gruppe von Stars und Sternchen 24 Stunden dabei gefilmt wurde, wie sie in einem Herrenhaus in den Hollywood Hills lebte. Zu den anderen B-Prominenten gehörten das britische Model Caprice, Sylvester Stallones Ex Janice Dickinson, der in Verruf geratene Baseballspieler José Canseco, der Salt-N-Pepa-Star Sandi Denton, Schauspieler Bronson Pinchot und die Diva des Reality-TVs, Omerosa Manigault-Stallworth. Doch auch in musikalischer Hinsicht ließ Pink damals wieder von sich hören. Später im selben Jahr arbeitete sie zusammen mit ihrer guten Freundin Lisa Marie Presley an dem Track „Shine", der auf Presleys zweitem Album *Now What* veröffentlicht wurde.

Erst 2006 stand das Joplin-Projekt dann wieder auf der Tagesordnung. Fast zwei Jahre, nachdem es in der Schublade verschwunden war, wurde es nun zum Anlass für einen Zickenkrieg. Die Schauspielerin Zooey Deschanel sollte die tragische Rolle der Rock-Ikone spielen und schlug damit Lindsay Lohan, Britney Spears, Scarlett Johansson und natürlich auch Pink aus dem Rennen.

Ursprünglich war die Wahl der Regisseurin Penelope Spheeris auf Pink gefallen, aber diese zog sich dann zurück und beschuldigte die Produzenten, das Casting in „einen Pop-Zirkus-Contest zu verwandeln, bei dem es darum ging, welche der angesagten Damen denn nun die Rolle der Janis spielen möchte". Die *Almost Famous*-Schönheit Deschanel, 26 Jahre jung, unterschrieb letztlich für den Film *The Gospel According To Janis*, dessen Dreharbeiten im November 2006 in Philadelphia, Pennsylvania, beginnen sollten. Gleichzeitig steckte zudem das Biopic *Piece Of My Heart* der Grammy-Gewinnerin Renée Zellweger in der „Pipeline", da Paramount Pictures das Drehbuch überarbeiten ließen.

In der Zwischenzeit hatte Deschanel vier Monate mit einem Gesangslehrer geprobt, um sich Joplins rauen und kratzigen Gesang anzueignen. Sie sollte alle Joplin-Songs im Film singen. Peter Newman, der Produzent des Streifens, hatte alle Mühe gehabt, eine Schauspielerin zu finden, die singen konnte, oder eine Sängerin, die schauspielern konnte. Er meinte: „Zooey ist die erste gewesen, die beide Aufgaben exzellent umsetzte."

Pink war nun sprichwörtlich von der Bildfläche verschwunden. So wurde es höchste Zeit, dass sie sich wieder ihrer Qualitäten bewusst wurde, um den Fans neues Futter zu bieten – den Fans ihrer Musik. Sie hatte während der letzten zweieinhalb Jahre kein Album mehr veröffentlicht – in der Popmusik ist das ein Zeitraum, vergleichbar mit einer halben Ewigkeit. Bedenkt man die Schnelllebigkeit in diesem Business und die Vergesslichkeit des Pop-Publikums, das Pink seit Anfang 2004 nicht mehr in den Charts gesehen hatte, so hätte sie auch schon tot sein können. Typisch für Pink war die Titelauswahl für das kommende vierte Album, denn kurz und prägnant entschied sie sich für – *I'm Not Dead*.

Eine Aufnahme für *The Face*, Juni 2002. (LEE JENKINS/CORBIS OUTLINE)

Pink auf der Bühne, um 2000 herum. (CHRISTINA RADISH/REDFERNS)

Das Video-Shooting 2001 für „Lady Marmalade". V. l. n. r.: Lil' Kim, Pink, Mýa und Christina Aguilera. (KEVIN MAZUR/WIREIMAGE)

Pink und die Bally Total Health Clubs starten einen USA-weiten Tanzunterricht, basierend auf dem Stil der Sängerin. (BOB RHIA JR/GETTY IMAGES)

Pink bei den Videoaufnahmen zu „Get The Party Started" im Oktober 2001. (ARNOLD TURNER/WIREIMAGE)

Pink und ihre Mutter Judy Moore im Beacon Theatre, New York City, Mai 2002. (KEVIN MAZUR/WIREIMAGE)

Pink, Lisa Marie Presley und Avril Lavigne backstage bei den MTV Video Music Awards, 2002. (PHOTO VON KMAZUR/WIREIMAGE)

Pink während eines Auftritts in der Sendung *Top Of The Pops*, BBC TV-Studios, London, 2002. (MARK ALLAN/WIREIMAGE)

Die Sängerin bei den Aufnahmen zum Video „Feel Good Time“ im Mai 2003. Der Song ist auf dem Soundtrack: Drei *Engel für Charlie: Volle Power*. (THEO WARGO/WIREIMAGE)

Bei den Brit Awards im Londoner Earls Court, 20. Februar 2003. (DAVE HOGAN/GETTY IMAGES)

Pink erobert im März 2005 die Bühne in einem Red Bull Formel-1-Wagen. Sie singt zur Bekanntgabe des Formel-1-Rennteams von Red Bull in den Docklands, Melbourne, Australien. (RYAN PIERSE/GETTY IMAGES)

Pink überreicht der Stiftung zur Erforschung des Brustkrebses einen Scheck. New York City, 2005.
(ANDREW H. WALKER/GETTY IMAGES)

Pamela Anderson und Pink besuchen die Gala zum 25. Geburtstag von PETA in den Paramount Studios, Los Angeles, 2005. Dort wird auch der Humanitarian Award verliehen. (MICHAEL CAULFIELD/WIREIMAGE)

Die Sängerin und ihr Vater James T. Moore, 2006. (KEVIN MAZUR/WIREIMAGE)

Pink tritt im März 2006 bei der nicht angekündigten Party zur Veröffentlichung von *I'm Not Dead* auf und singt Songs aus dem Album im Lock 17, London. (DAVE HOGAN/GETTY IMAGES)

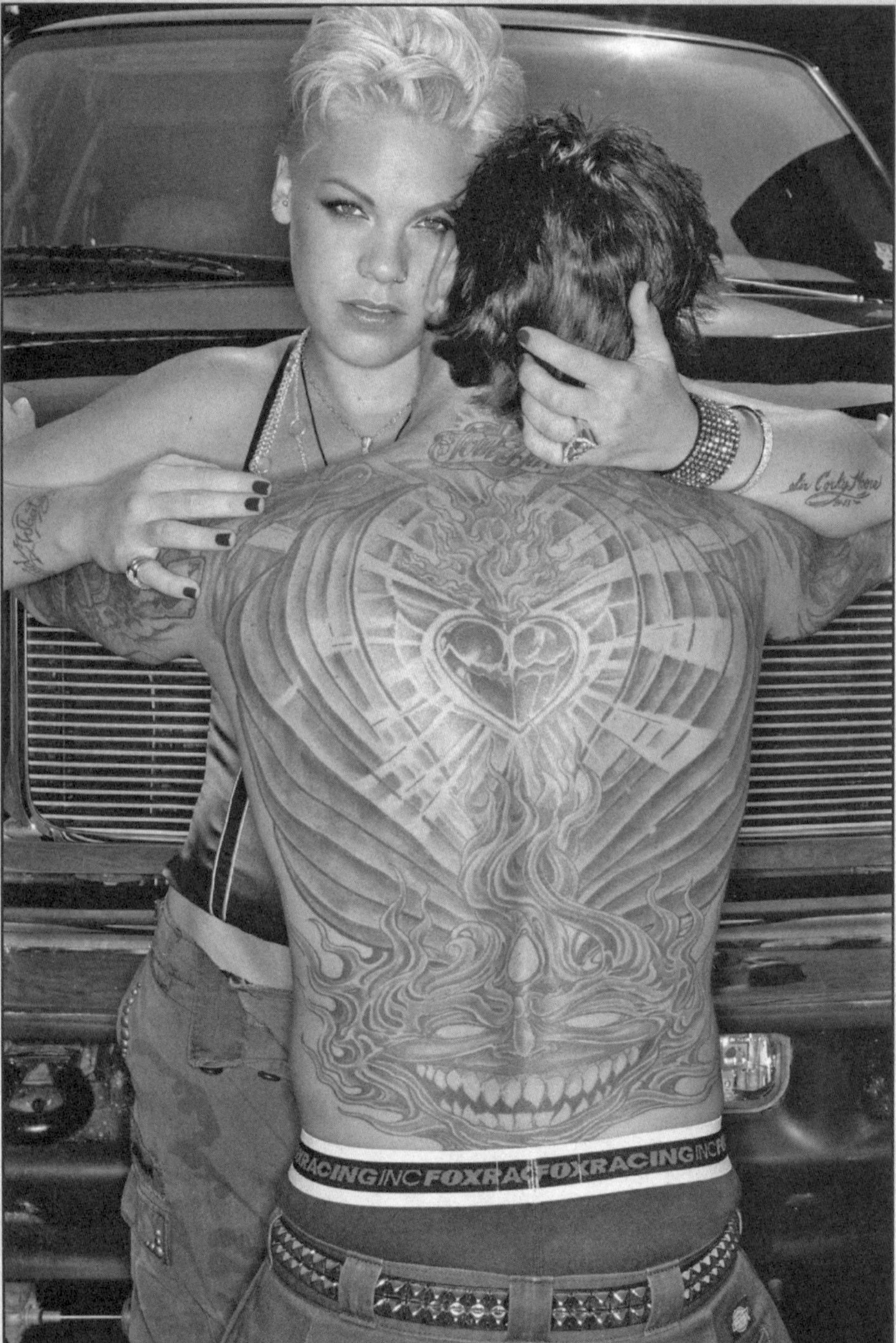

Die Musikerin und Carey Hart. (GEORGE HOLZ/CONTOURPHOTOS.COM)

KAPITEL 5

DUMME GIRLIES UND DER PRÄSIDENT

„Mich überraschte am meisten, dass viele derselben Meinung sind, aber es hassen, wenn das Statement von mir kommt. Man hat mich als Heuchlerin beschimpft. Einige Leute waren auf Grund des Videos zutiefst beleidigt, aber das ist cool. Ich mag es, meinen Finger auf eine empfindliche Stelle zu legen, und ich liebe Meinungsverschiedenheiten."

Pink hat von Beginn an bewiesen, dass niemand sie zum Narren halten kann, oder besser ausgedrückt, dass sie „not stupid" ist. Ein Teil ihrer Anziehungskraft, vielleicht kann es auch als Trick bezeichnet werden, liegt in der Art, sich weit entfernt von den anderen Pop-Girlies zu positionieren, um die Andersartigkeit, das Spezielle an sich selbst herauszustellen. Im Februar 2006 verdeutlichte sie den Unterschied zu den Kolleginnen besonders krass. Ihre erste Single-Auskopplung nach „Last To Know", die im Mai 2004 erschienen war, hieß „Stupid Girls". Noch bis heute löst der Song Kontroversen aus und kann problemlos als die berüchtigtste Nummer Pinks bezeichnet werden.

Pink schrieb das Stück zusammen mit Billy Mann, Niklas Olovson und Robin Mortensen Lynch für das Album *I'm Not Dead*. Es wurde ihr größter US-Hit seit 2002 und für den Preis der „Besten weiblichen Pop-Vocals-Performance" bei den Grammy Awards 2007 nominiert. Die Single stieg Ende Februar auf Platz 24 der US *Billboard* Hot 100 ein, in dieser Woche der höchste Neueinstieg und gleichzeitig die höchste Erstplatzierung in Pinks Karriere. (2008 konnte die Single „So What" dieses Ergebnis allerdings noch toppen.) Eine Woche nach der Veröffentlichung war der Titel schon bis auf Platz 13 vorgerückt, wurde somit Pinks achter Top-20-Hit in den Staaten und konnte die höchste Platzierung seit „Just Like A Pill" (2002) erreichen. Exakt zwei Jahre später zeichnete die RIAA das Stück mit Gold aus.

Außerhalb der USA entwickelte sich „Stupid Girls" sogar zu einem noch größeren Hit – in den meisten europäischen Ländern kam der Song unter die Top 10, in Kanada wurde der zweite Platz erobert und in Australien, wo er sofort auf den vierten Platz der ARIA-Single-Charts schoss, gab es Gold für insgesamt 35.000 verkaufte Tonträger. In den britischen Single-Charts erreichte der Song den vierten Platz und war somit in UK Pinks höchste Single-Charts-Platzierung seit „Feel Good Time" 2003. Das Video zum Song, in dem Pink Celebrities wie Lindsay Lohan, Jessica Simpson, Mary-Kate Olsen und Paris Hilton parodierte, gewann im August 2006 den MTV Video Music Award als „Bestes Pop-Video". Bei der Überreichung des Preises äffte die Sängerin Paris Hilton nach, eines der „Stupid Girls", die sie mit der Single ins Lächerliche zog. Sie sprach mit einer hohen, piepsigen Stimme und agierte überschwänglich und aufgeregt wie ein dummes Hühnchen. Nicole Richie, die zusammen mit Hilton eine Rolle in der albernen Reality-Show *The Simple Life* spielte, gehörte übrigens zu den Prominenten, die den Preis verliehen!!!

Pink wurde durch die sogenannte Size-Zero-Debatte zum Schreiben des Songs inspiriert. Zu der Zeit gab es hitzige Diskussionen darüber – und ernstzunehmende Befürchtungen –, dass hyper-sexualisierte Celebrities mit mehr Luft als Gehirn im Schädel für leicht zu beeinflussende Teenager zu unwiderstehlichen Ikonen werden konnten. Pink nannte den Song „eine Antidot-Hymne, um diese Art von Frauen und deren Magersüchtigkeit anzugreifen". In dem Stück drückt sie ihr Entsetzen über den Mangel an positiven Leitbildern für junge Mädchen aus und ermutigt die weiblichen Teenies, sich ein höheres Ziel zu stecken. Die Musikerin hatte in der Nähe ihres Hauses in Los Angeles all die kleinen, reichen Mädchen und leicht bekleideten Dummerchen beobachten können – all die Möchtegern-Paris Hiltons und -Lindsay Lohans. „Die Welt wird mittlerweile nur mit einem Image gefüttert und ich möchte die Möglichkeit einer Wahl aufzeigen," erzählte Pink zur Entstehungsgeschichte des Stückes. „[Der Song] wurde von einigen Diskussionen angeregt, die ich mit verschiedenen Frauen und Mädchen führte. Wir Frauen haben so lange für unsere Anerkennung und Gleichberechtigung gekämpft und nun wird die ganze Aufmerksamkeit auf die Hühner mit der Gehirngröße Null, Size Zero, gelenkt."

Zusätzlich erklärte Pink, dass es einige Mädchen gibt, die „ihr Leben in geradezu religiöser Verehrung nach diesen Leuten ausgerichtet haben, die anscheinend den ganzen Tag shoppen", statt ihr Augenmerk auf ernste Themen wie Krieg und Armut zu richten. In dem Stück wettert sie gegen die „Paparazzi Girls" mit ihren „itsy-bitsy doggies" und „teeny-weeny tees", deren Leben von einem Push-Up-BH gestützt zu sein scheint. Sie klagt die Girlies an, die Glamour-Models und Erbinnen, die von Designer-Handtaschen, Sonnenstudios und Schönheitschirurgie besessen sind. Die Absicht hinter dem Video war offensichtlich – es sollte das Bewusstsein schärfen, um die abgemagerten, „orangenhäutigen" Medienstars der Regenbogenpresse und Klatschmagazine bloßzustellen. Besonders eine Szene des Clips wirkte verstörend und anstößig: Auf der Toilette eines Clubs würgt sich ein Starlet eine Zahnbürste in den Hals, um sich zu übergeben.

Sogar die International Association of Eating Disorder Professionals [Internationale Gesellschaft zur Bekämpfung von Essstörungen] schaltete sich ein. Es geschieht wirklich nicht allzu oft, dass sich eine offizielle Vereinigung verschiedener medizinaler Berufsgruppen zu einer Presseerklärung durchringen kann, die den Text eines Songs und die visuelle Gestaltung eines Videos als besonders wertvoll herausstellt. Die IAEDP bezog deutlich Position zu „Stupid Girls" und den darin enthaltenen Anspielungen auf die Magersucht: „Es ist eine Gelegenheit, die Bevölkerung an den Ernst von Essstörungen zu erinnern, die schwerwiegende Auswirkungen auf Individuen haben, die gesellschaftliche Akzeptanz und Selbstwertgefühl suchen. Weiterhin verdeutlicht das Video, wie lebenszerstörend eine Essstörung sein kann. Wir haben die allergrößten Hoffnungen, dass Frauen sich der Schattenseiten eines Persönlichkeitskultes bewusstwerden, der allein auf physischer Schönheit beruht. Es liegt nicht in der Absicht der IAEDP, Pinks persönliche Position in allen Punkten zu unterstützen, aber gleichzeitig müssen wir einer Musikerin gratulieren, die ein deutliches Statement abgegeben hat – dass Frauen ihre Zeit, Energie und ihr Geld verschwenden, wenn sie einem gesellschaftlichen Schönheitsideal hinterherrennen. Damit vergeuden sie ihr Potenzial, etwas wirklich Gutes aus sich selbst herauszuholen."

Während eines Auftritts in der *Oprah Winfrey Show* thematisierte Pink die von ihr so bezeichnete „Stupid Girl"-Epidemie. Lob kam auch von prominenter Seite, denn sogar J. K. Rowling, die Autorin der *Harry Potter*-Romane, würdigte den Song auf ihrer offiziellen Homepage.

Die Plattenfirma veröffentlichte das Video einen Monat vor der Radiopräsentation, ein ungewöhnlicher, aber geschickter Schachzug, wie sich herausstellte: 8,6 Millionen Zuschauer entschieden sich für einen Download, als das Video im Internet zur Verfügung gestellt wurde. Radiomoderatoren, darauf bedacht, ihren Hörern den Song anzubieten, entschlossen sich zu einem Download der Audio-Spur des Videos, um den Song vor dem regulären Erscheinungstermin zu spielen.

Regie beim Videodreh führte Dave Meyers, der in der Vergangenheit schon Clips für alle möglichen Künstler gedreht hatte – seine „Trophäenliste" reichte von Dido bis hin zu Slipknot. Pink beschrieb die Aufnahmen als „krank, abgedreht und wahnsinnig" und meinte zu Meyers: „Er hat eine wirklich kranke Vorstellungskraft. Ich glaube, jeder lachte sich während [der Aufnahmen zu] ‚Stupid Girls' fast tot. Ich denke nicht, dass das Video als Witz ankommen wird, aber bei den Aufnahmen hatten wir unseren Spaß."

Das Video, in dem Pink alle Stunts selbst machte, zeigt die Sängerin sowohl als Engel wie auch als Dämon, die beide versuchen, die Zukunft eines jungen Mädchens zu beeinflussen. Der Engel zeigt ihr eine Serie von Bildern, die die Geistlosigkeit der aktuellen Trends bei den weiblichen Celebrities zeigen: Eine Tänzerin in einem Rap-Video, das, passend zum Text, von einem Mädchen handelt, das davon träumt, in einem Clip von 50 Cent aufzutauchen; ein Mädchen, das die Aufmerksamkeit des Trainers in einem Fitnesscenter auf sich ziehen will; eine blonde Tussi, die ihren Busen auf einer Bowlingbahn aufpumpt; ein dümmliches Mädchen in einem Sonnenstudio oder ein Mädchen mit Essstörungen, die Kalorien als „nicht so sexy" einstuft. Doch das sind bei weitem noch nicht alle Rollen, in denen Pink zu sehen ist: Sie verkörpert auch eine alte Frau in einem pinken Trainingsanzug, ein Mädchen beim Schönheitschirurgen, ein Mädchen beim Dreh eines Sexvideos, ein Mädchen, das auf provokante Art und Weise ihr Auto wäscht und sich mit einem Waschlappen einseift, ein Mädel, das in eine Zoohandlung geht, sich dort einen „itsy-bitsy doggy" kauft und danach so abgelenkt ist beim Autofahren (sie hält dauernd ein Handy am Ohr und trägt dann noch Make-up auf), dass sie zwei Fußgänger niedermäht! Pink spielt aber auch Frauen, die das exakte Gegenteil der dämlichen Girlies repräsentieren, wie zum Beispiel eine Lehrerin an einer höheren Schule, ein weiblicher Präsident und ein Mädchen, das ein Footballspiel gewinnt. Das Video endet mit dem Sieg über den Dämon, denn das junge Mädchen des Finales entscheidet sich für Tanzschuhe, einen Fußball, einen Computer, Bücher und ein Keyboard und eben nicht für Puppen und Make-up.

Einige der negativ porträtierten Charaktere des Videos sind junge, weibliche Celebrities wie die ultra-dünne Mary Kate Olsen – ein Mädchen, das die Fred-Segal-Boutique besucht, ist exakt in Olsens „Upper Class"-Stil gekleidet. Mit dem rothaarigen Geschöpf, das mit seinem Auto Fußgänger plattmacht, soll auf Lindsay Lohan angespielt werden. Die Szene, in der Pink im Bikini ein Auto wäscht, ist eine Parodie auf ähnliche Szenen in Jessica Simpsons Video zur Single „These Boots Are Made For Walkin'" (2005). Und die unscharfen schwarz-weißen Video-Sequenzen, in denen Pink zusammen mit einem Mann im Bett zu sehen ist, sind visuelle Zitate des berühmt-berüchtigten Sex-Tapes *1 Night In Paris* mit Paris Hilton.

Das dreieinhalbminütige Video schlug voll ein und zog eine unerwartete Aufmerksamkeit auf sich, mit positiven wie auch negativen Kommentaren. Einige Kritiker meinten, Pinks Aussagen hätten einen scheinheiligen Anstrich, und verwiesen darauf, dass sie zu Beginn ihrer Laufbahn zumindest partiell selbst auch auf Grund ihres Aussehens vermarktet worden war. Ein besonders feindseliger Journalist schrieb: „‚Stupid Girls' bemüht sich, einmal mehr das Gefühl zu erzeugen, dass hier eine missionarische Botschaft verkündet wird, was *M!ssundaztood* einst auszeichnete, aber diesmal schiefgeht, da Pink offensichtlich Selbstkritik vermissen lässt. Der Song und das Video sollen Pink von Lindsay, Paris und Jessica abgrenzen. Im Text wird ernsthaft die Frage gestellt: ‚Where, oh where, have the smart people gone?' Während ihres Aufstiegs zu Weltruhm hat auch Pink mehr als nur ein bisschen Haut gezeigt und nun beschreibt sie das Verhalten der Mädchen als ‚Titten-Taktik' – wirklich höchst suspekt! Auch ihr ist die ‚Hilton-Doktrin' (‚I'll do what I want, cuz I can') nämlich alles andere als fremd. Und ‚smart' zu sein – das ist doch nun wirklich nicht Pinks Markenzeichen! Sie wirkt eher wie eine weibliche Version von Aerosmiths Steven Tyler, eine geschickte Schmierenkomödiantin, die mit Humor und Energie punkten kann, sie ist aber wohl kaum eine Visionärin."

Für andere stellte die Nummer den kalkulierten Versuch dar, Kontroversen anzuzetteln, als Teil der größeren Anstrengung, ihre Karriere nach dem verhältnismäßigen Flop von *Try This* wieder in Schwung zu bringen. Zu der Zeit schleppte Pink eine aufgeblasene Christina-Aguilera-Puppe auf die Bühne (bei einem Auftritt platzte sie übrigens), um dem Publikum in ironischer Absicht einen „Schoßtanz" zu präsentieren. Pink hatte niemals Angst, ihre Sexualität bei einer Show einzusetzen. „Ich bin ein sehr sexuelles Wesen", sagte sie einmal. „Ich denke nicht, dass es falsch ist, sexy zu sein, sich so zu verhalten, sich sexy zu kleiden oder so zu reden, falls man es zum eigenen Vergnügen macht – und die Sexualität nicht einfach so für andere wegwirft." Sie gab auch zu, Fantasien gehabt zu haben, in denen sie super-dünn ist, würde aber niemals etwas Gefährliches unternehmen, um so zum Ziel zu kommen. „Natürlich wäre ich lieber dünner. Ich habe aber nicht das Verlangen danach, deswegen magersüchtig oder bulimisch zu werden. Ich will mir keinen Schaden zufügen. Ich bin lieber stark als bis auf die Knochen abgemagert, bin lieber gut genährt als fast zu verhungern."

Lachend erzählte sie, viel zu sehr Fan von gegrilltem Essen zu sein, nicht zu vergessen die anderen ungesunden Dinge wie Alk und Kippen. Eine Abstinenzlerin zu werden, nur wegen des Aussehens – nein! Und würde sie sich einer Schönheits-OP unterziehen? „Ich hätte gerne Kinder, und falls dann 13 da sind und meine Titten bis dahin runterhängen", meinte sie, dabei auf den Boden zeigend, „werde ich sie wieder hochbringen. Aber ich bin solch ein Hypochonder. Ich würde ausrasten, wenn ich nicht beobachten kann, wie mein Gesicht altert. Manchmal sehe ich Frauen am Strand, eine Kippe im Mundwinkel, ohne Bikini-Oberteil mit Hängetitten, Martini in der Hand, und finde das herrlich. Ich möchte immer am Gesicht ablesen können, wie oft ich in meinem Leben gelacht habe."

Abschließend sagte sie: „Ich glaube noch nicht mal, dass diese Mädchen total dumm sind, es ist eher eine Art Masche: Size Zero zu sein, eine bestimmte Handtasche zu besitzen, keinen Beitrag zum Weltgeschehen zu leisten – einfach nur shoppen, aber nicht denken. [Leider] gibt es zu wenige Beispiele dafür, dass es cool ist, schlau zu sein und gesund zu leben, sich nicht den Finger in den Hals zu stecken, um das Schönheitsideal der Gesellschaft zu erfüllen. Es ist die ganze Generation, eine Kultur und Mentalität, die mich einfach nur anödet. Mich frustriert es, dass ich im Internet nach intelligenten, verantwortungsbewussten Frauen googeln muss – Frauen, die ich nie auf einem Magazincover zu sehen bekomme, außer sie werden geschieden, haben ansehnliche Titten, tolle Schuhe oder gehen zu einer angesagten Party."

Bei einem Interview mit einem spanischen Fernsehsender nannte Pink einige Frauen, die nicht in die Kategorie „Stupid Girls" fallen und die sie verehrt: Alicia Keys, Fiona Apple, Björk, Norah Jones, Joss Stone. Sie erklärte gegenüber dem Sender, dass sie „Stupid Girls" als ersten Song für das Album schrieb. Kurz zuvor hatte sie noch befürchtet, dass ihr vielleicht die Ideen ausgegangen wären. „Als ich mit dem Album begann, hatte ich einfach nichts zu sagen und das war echt beschissen. Dann schrieb ich 40 Songs. ‚Stupid Girls' bedeutete für eine ganze Generation einen Moment des Aufwachens. Einst war es normal, dass Frauen die Welt verändern wollten, nun kümmern sie sich um Handtäschchen, Lippenstift und ihr Aussehen. Ordnet mich bloß nicht in diese Kategorie ein. Einige von uns sind aktiv und wollen die Welt verändern."

Einer gewissen Quelle nach soll „Stupid Girls" interessanterweise von Ariel Levys Buch *Female Chauvinist Pigs: Women And The Rise Of Raunch Culture* [das Buch wurde bislang nicht ins Deutsche übertragen] „eindeutig inspiriert" worden sein. In dem Buch wird die Frage aufgeworfen, warum Frauen, und insbesondere sehr sexualisierte junge Mädchen, sich heutzutage genau mit den kulturellen Belanglosigkeiten beschäftigen, die für ihre feministischen Vorgängerinnen noch ein rotes Tuch gewesen wären – ja, bei denen diese die Hände über dem Kopf zusammengeschlagen hätten. Levy untersucht die miteinander verschlungenen Konzepte des modernen Feminismus und der sexuellen Befreiung, die Implikationen und die wahre Bedeutung der „neugewonnenen Stärke".

„Es ist für viele Menschen wichtig und sie sind erleichtert, dass jemand in der Öffentlichkeit tatsächlich diese Themen anspricht", erklärte Pink, die zugibt, nichts darüber von den Mädchen direkt gehört zu haben, die sie in dem Song angreift. Ihr Management hingegen musste nach der Veröffentlichung der Single einige Angriffe abwehren, die von den Pressesprechern der Celebrities kamen. Pink erzählte, dass zum Beispiel Paris Hilton ihr Unbehagen angesichts der Darstellung im Video offen ansprach. Sie veröffentlichte eine Presseerklärung, in der sie zudem indirekt zum Ausdruck brachte, den Clip für den Beginn ihres Comebacks zu nutzen. „Sie hat was gesagt?“, wütete daraufhin eine aufgeregte Pink. „Hey Paris – buchstabier das mal. Buchstabiere Comeback.“ Einige Zeit später war Paris immer noch eingeschnappt. In einem Nachtclub ging sie auf Pink zu: „Ich hoffe, es ist dir klar, dass die Person, die ich in der Presse darstelle, nur einer Vermarktungsstrategie entspricht. Mein wahres Ich ist schlau.“ Pink antwortete: „Komm doch endlich mal drüber weg. Der Song liegt doch schon – was weiß ich – Jahre zurück. Piss mich hier nicht an.“ Pink hatte zu dem ganzen Thema eine eher ambivalente Position bezogen: „Teilweise denke ich, dass sie nur Loser sind, aber manchmal bewundere ich ihr Können, diese ganze Schauspielerei so durchzuziehen. Ich bin verdammt schlecht bei diesem ganzen Hollywood-Spiel, denn ich hasse das unechte, verlogene Rumgetue.“

Pink, die mal behauptete, dass „es die coolste Sache ist, andere Leute so richtig anzuscheißen“, fuhrt fort: „Mich überraschte am meisten, dass viele derselben Meinung sind, aber es hassen, wenn das Statement von mir kommt. Man hat mich als Heuchlerin beschimpft. Dann wurde ich auch noch als fett angemacht. Einige Leute waren auf Grund des Videos zutiefst beleidigt, aber das ist cool. Ich mag es, meinen Finger auf eine empfindliche Stelle zu legen, und ich liebe Meinungsverschiedenheiten. Für mich war es sehr wichtig, einen Brief vom Vorstand der Gesellschaft gegen Essstörungen zu erhalten. Diese Krankheiten – und es handelt sich um Krankheiten – sind sehr, sehr gefährlich. Das Video begann in einer witzigen Situation, wurde aber schnell zu einer ernsten Angelegenheit. Der Punkt ist doch: Du musst dich nicht umbringen, um den gesellschaftlichen Schönheitsidealen so nah wie möglich zu kommen.“

Die von Pink angezettelte Debatte wurde von der IAEDP weiterhin unterstützt. Die Sängerin verdeutlichte, dass sich eine ganze Generation junger Mädchen zu Tode hungert und ihrem Menstruationszyklus und natürlichen Stoffwechsel erheblichen Schaden zufügt, nur um die Aufmerksamkeit der Männer auf sich zu ziehen. Für Pink war es auch – ganz einfach ausgedrückt – ein dämliches Verhalten, etwas zu tun, um scheinbar begehrenswerter zu sein.

„Diese Mädchen sind aus eigener Schuld verblödet und haben sich klein gemacht, nur um niedlich zu erscheinen. Wie beschissen ist das denn? Ich habe das Gefühl, dass es nur ein einziges Frauenbild gibt, mit dem die Gesellschaft gefüttert wird. Es muss einfach mehr Alternativen, Optionen und Beispiele geben, wie man ohne so alberne Handtaschen und ohne sich wie ein Püppchen zu verhalten cool sein kann. Das will mir nicht in den Kopf gehen – es ist lukrativ, zu verdummen. Ich kann einfach nicht glauben, dass Klugheit und Aufrichtigkeit nicht mehr wichtig sind. Ich wehre mich dagegen, blöd zu sein, nur um irgendwohin zu gelangen oder etwas zu bekommen."

Pink erzählte, dass sie ihren Beitrag zur „Toleranz der Vielfalt in der Welt" leiste und mit einer geschickt dosierten Portion Humor die Probleme von Bulimie und Magersucht thematisiere. „Essstörungen sind Krankheiten, sehr, sehr ernst zu nehmen, ja, geradezu beängstigend, und sie breiten sich immer mehr aus. Und ich mache mir einen Spaß daraus? Nein, natürlich nicht. Ich kritisiere lediglich den Umstand, dass ein Mädchen meint, sich so verhalten zu müssen, um wichtig zu wirken. Mich betreffen dieselben Themen und darum kann ich darüber schreiben. Darum muss ich dieses Verhalten ins Lächerliche ziehen – weil es auch mich betrifft, weil auch ich damit klarkommen muss." Pink gab zu, dass auch sie mit ihrem Selbstwertgefühl zu kämpfen hat. „Eigentlich muss ich das ständig! Du kannst kein Mädchen sein und dieses Thema ignorieren. Ich glaube, das ist genetisch fixiert. Man sieht Frauen wie Oprah [Winfrey] und viele andere, völlig unterschiedliche Frauen, die damit zu kämpfen haben. Sie sind so bedeutend und klug, dass sie sich eigentlich über so einen Mist keine Gedanken machen sollten. Und dann denk mal an die Frauen in Afrika. Die haben keine Zeit, sich um ihr Aussehen zu sorgen, weil sie mit viel wichtigeren Problemen zu kämpfen haben."

Ironischerweise war Pinks Platten-Label ursprünglich dagegen gewesen, den Song als erste Single des neuen Albums auszukoppeln. Das führte zu hitzigen Debatten. Zu Beginn der Aufnahmen wollten LA Reid und die anderen Pink zu einer Single mit Max Martin drängen, der schwedischen Einmann-Hit-Fabrik. Er hatte unter anderem Songs für Britney Spears komponiert und „U + Ur Hand" für *I'm Not Dead* geschrieben, eine Nummer, die das Label liebte und insgeheim als erste Veröffentlichung vorsah, darum bemüht, auf das „richtige Pferd" zu setzen. Am Ende konnte sich Pink aber durchsetzen, obwohl noch niemand bislang darüber Auskunft erteilte, wie viel „Spaß" die Verantwortlichen der Plattenfirma mit der nachfolgenden Kontroverse und dem medialen Feuersturm hatten.

Es war nicht das erste Mal, dass Pink eine Kontroverse angezettelt hatte – und es sollte auch nicht das letzte Mal sein. Denn Pink war *die* junge Frau, die es sich traute, als Sprecherin für PETA (People for the Ethical Treatment of Animals) dem Britischen Königshaus einen aggressiven Brief zu schreiben, nachdem sie von Prince William zu seinem 21. Geburtstag für einen Auftritt als musikalischer Ehrengast eingeladen worden war! Sie schrieb zurück, dass sie nicht kommen könne, bevor er das Jagen einstelle. In dem Brief stand genau Folgendes: „Es hat mich sehr gefreut, als Erste für die Feierlichkeiten ihres 21. Geburtstages von Ihnen ausgewählt worden zu sein. Ich fühlte mich aber angewidert, als ich erfuhr, dass Sie jagen und Tiere zum Spaß töten. Ich hoffe, Sie lernen Ihr Verhalten zu ändern. Ich habe mein Verhalten geändert. Bis ich PETA unterstützte, habe ich Pelze getragen. Bitte rufen Sie mich oder PETA an, um Anregungen zum richtigen Umgang mit Tieren zu erhalten. Dann werde ich vielleicht auf Ihrem nächsten Geburtstag auftreten." Der junge Prinz hat niemals geantwortet, was Pink öffentlich als „ein wenig unhöflich" beschrieb. „Ich möchte, dass die Menschen über ihre Verantwortung nachdenken. Mir ist es egal, ob sie eine Krone haben oder nicht."

Später, vor einem Auftritt beim „Prince's Trust"-Konzert, verfasste sie einen weiteren Brief, diesmal an die Queen selbst adressiert. Pink wollte wissen, warum die Kopfbedeckungen der königlichen Wache am Buckingham Palace unbedingt aus Bärenfell sein müssen und nicht synthetisch hergestellt werden könnten. Aus einigen Ecken hagelte es daraufhin Anschuldigungen, denn obwohl Pink Vegetarierin ist, trägt sie selbst Leder, was als Heuchelei ausgelegt wurde. „Ich schlug [der Königin] einfachere, den Tieren gerechter werdende Alternativen vor. Stella McCartney hatte schon ein Design vorbereitet. Aber ich bekam keine Antwort. Wie hätte ich die Queen am besten ansprechen sollen? Ich schrieb, glaube ich: ‚An die verantwortliche Stelle' und nicht ‚Sehr geehrte Königin'." Im November 2006 griff Pink sogar Beyoncé, die Pop-Königin der USA, an und äußerte sich angeekelt, da die Dame Pelze trug. Man kann sich gut vorstellen, wie Pink ihren Unmut über die bessere Hälfte des Königs der Rapper, Jay Z, ausgedrückt hätte – Stupid Girl.

„Stupid Girls" war nicht der einzige Track von *I'm Not Dead*, der in der Presse für Aufsehen sorgte. Der Song „Dear Mr. President", geschrieben in der Form eines offenen Briefes, stellte einen wütenden Angriff auf den damaligen Amtsinhaber dar. Nicht nur der Text an sich verblüffte, sondern auch die Tatsache, dass er von einer Interpretin aus der Welt des Pop kam, einem eigentlich unpolitischen und unkritischen Universum.

Der Angriff erhielt eine zusätzliche Schärfe und Zuspitzung, da die Musik auf einer Akustik-Gitarre basierte und so Pinks aggressiver und bissiger Stimme noch mehr Raum gab. Sie sprach in dem Titel verschiedene Themen an, unter anderem Bushs Haltung zur Abtreibungsproblematik und das gleichzeitige Versagen, den Obdachlosen während seiner Regierungszeit zu helfen: Wie fühle er sich angesichts all der Obdachlosen, für wen bete er, wen sehe er, wenn er in den Spiegel blicke? Sei er stolz auf seine Leistungen, wie könne er schlafen – und schließlich die anklagende Frage, obwohl ihr Bruder Jason beim Militär war: Träume er von den Müttern, die keine Chance hatten, sich von ihren Söhnen zu verabschieden? Später erklärte sie: „Ich unterstütze die Soldaten. Es lohnt sich, für die Freiheit zu kämpfen, aber nur wenn es die Freiheit selbst betrifft. Mein Dad Jim ist ein Vietnam-Veteran und für alle Zeit mein größter Held. Ich werde ihm immer ähnlicher. Er hat mir beigebracht, alles zu hinterfragen. Ich stelle die Machthaber in Frage. Bush ist ein Idiot. Je schneller er verschwindet, desto besser."

„Dear Mr. President" ist eine Anklage gegen Dubyas [Spitzname von George W. Bush] konservative Haltung zur Abtreibung und seine Entscheidung, Homo-Ehen nicht zu legalisieren, was weitere Fragen nach sich zieht: Würde ein Vater der Tochter ihre Rechte entziehen, wenn er wüsste, dass sie lesbisch ist? Würde er sie hassen? Schließlich lenkt Pink die Aufmerksamkeit auf die Problematik eines Mindestlohns und ereiferte sich dabei gegen seine Einstellung zur Armut, besonders der von alleinerziehenden Müttern.

Aufgenommen zusammen mit dem amerikanischen Folk-Duo Indigo Girls, die offen und stolz zu ihren lesbischen Neigungen stehen, gehörte der Song sicherlich zu den deutlichsten Angriffen auf einen amerikanischen Präsidenten, die jemals von Künstlern, die scheinbar aus dem Teen-Pop-Genre kommen, gewagt wurden. Wäre der Text in einer Zeitung abgedruckt worden, hätte das Verleumdungsklagen nach sich gezogen, speziell wegen der Anspielungen auf Bushs früheren Hang zu Whiskey und Kokain. Nach der Aufnahme des Songs amüsierte sich Pink: „Nun wird mich jedes Jahr das Finanzamt langmachen. Aber es hat sich gelohnt."

Pink klang niemals zuvor engagierter und aufgebrachter – ein Resultat ihrer Entscheidung, nun in der realen Welt zu leben, wie sie in einem Interview sagte. „Ich hänge nicht mit Prominenten ab. Ich bin mit ganz normalen Leuten zusammen, die ihre regulären Jobs haben. Meine Familie stammt aus der Arbeiterklasse. Mit ist ganz klar, was zurzeit abgeht. Ich sitze nicht mit meinen Pudeln in irgendeinem von der Welt abgeriegelten Herrenhaus und denke, dass alles in Ordnung ist. Ich kenne Leute, die in Sri Lanka, im Irak und in Afrika zusammen mit der UN arbeiten. Einige meiner Freundinnen in Philadelphia sind alleinerziehend und arm."

Sie fühlte sich zum politischen Engagement verpflichtet, ja sogar gezwungen, denn wenn sie sich nicht kümmerte – wer sollte es dann? „Die Leute haben solche Angst, den Mund aufzumachen. Wenn ich einen Song wie ‚Mr. President' schreibe, ist mir eigentlich alles egal, außer meiner Selbstverwirklichung." Pink erklärte, sich schon eine ganze Zeit lang mehr und mehr über die Bush-

Regierung aufgeregt zu haben. „In den letzten Jahren habe ich die *New York Times* gelesen und Nachrichten geschaut – das hat mich absolut wütend gemacht. Mir wurde regelmäßig übel bei dem, was ich sah.“ Einschränkend kommentierte sie das Stück: „Es ist ein Song, der auf jeden Präsidenten gemünzt sein könnte – und schildert darüber hinaus die Weltsituation. Dieselben Fragen hätte ich dem letzten Präsidenten stellen können und auch seinem Vorgänger.“

„Er [der Song] ist provokativ und hinterfragt die Zustände. Er ist nicht belehrend und ‚verdammt' auch nicht.“ Sie beschrieb die Nummer als „den härtesten Song, den ich jemals geschrieben habe“, besonders da sie „laut einem Zitat ein Popstar ist, von dem keine Kommentare oder Beiträge erwartet werden“. Sorgte sich Pink über mögliche negative Auswirkungen oder gar eine Beeinträchtigung ihrer Karriere in den USA? „Nein. Ich machte mir überhaupt keine Sorgen. Ich war sauer und musste diesen offenen Brief verfassen. Negative Resonanzen gab es kaum. Einmal wurde ich auf der Bühne ausgebuht, was ich urkomisch fand. Ich spielte als Support-Act für Justin Timberlake in Anaheim, Kalifornien, und das Publikum buhte mich aus. Ich habe das genossen – wirklich. Meinungsverschiedenheiten hervorzurufen – darum geht es doch in einer Demokratie. Ich habe nur von meinem Recht Gebrauch gemacht.“

KAPITEL 6

DIE VERGANGENHEIT WIRD ZUR ZUKUNFT

„Ich empfand da diese Leere und wusste, wie ich sie ausfüllen konnte. Die Leute laberten keinen Mist mehr. Ich fühlte mich einfach kreativ und emotional bereit und es wurde großartig."

Pinks vierter Longplayer, veröffentlicht im April 2006, sollte zuerst – nach einem Song des Albums – *Long Way To Be Happy* betitelt werden. Sie entschied sich aber anders, da *I'm Not Dead* die beabsichtigte Aussage besser unterstrich. Die Sängerin wollte der Welt nach einer dreieinhalbjährigen Auszeit vom Pop-Rock-Karussell zeigen, dass sie immer noch viel zu sagen hatte und auch über die Kraft verfügte, es deutlich rüberzubringen.

Der Albumtitel war passend gewählt, denn Pink hätte sich nicht freier, vitaler und lebendiger fühlen können – die Musik versprühte eine ungezügelte, scheinbar grenzenlose Energie. Sie wusste das auch. „Der Titel beschreibt Lebenslust und Entschlossenheit, also genau das Gegenteil von einer niedergedrückten Stimmung, in der man nur so dasitzt, sich abkapselt – obwohl sich das einige Leute von mir wünschen würden." Der Titel wurde von einer Art „Erwachen" inspiriert, nachdem ihr Vater einen Herzinfarkt erlitten hatte, und beschreibt „die Situation, sich wieder gut zu fühlen".

„Ich war gerade 25 geworden und begann die *New York Times* zu lesen. Ich kümmerte mich weniger um mein eigenes Trauma, sondern um die Welt, die Dinge, die um mich herum geschehen. Es bedeutete ein Aufwachen und ich erkannte, dass ich noch so viel zu lernen habe. Vorher dachte ich immer, schon alles zu wissen. Der Titel deutet teilweise mein persönliches Erwachen an, die Erkenntnis, dass ich mich nicht in festen Bahnen bewege."

Pink erwartete diesmal nicht, emotional so intensiv in die Vorbereitungen des Albums einzusteigen, da die Erfahrung bei der letzten Platte *Try This* sie so sehr „ausgesaugt" hatte, eine Aussage, die jedoch im Kontrast zu damaligen Kommentaren steht. In einem Interview, das sie ungefähr zur Veröffentlichung von *Try This* 2003 gab, beschrieb Pink nämlich die zwei Wochen, die sie zusammen mit Tim Armstrong beim Songwriting auf den Rücksitzen von Rancids Tourbus verbrachte, mit den Worten: „Das war eine der heißesten Phasen in meinem Leben. Ich fühlte mich geehrt, mit den Jungens unterwegs zu sein." Anscheinend hat sie ihre Stippvisite bei den US-Punks voll und ganz genossen, sogar – oder besonders –, wenn diese sich daneben benahmen. Haben sie sich aber wenigstens ein wenig „gesittet" verhalten, als sie dabei war? „Verdammt, nein, aber Tim ist beinahe ein Gentleman. Die Band ist clean und nüchtern. Es lief so ab: Spaß haben, rumhängen, Songs schreiben."

Wie dem auch sei, zumindest aus der Retrospektive betrachtet, war sie an dem kreativen Entstehungsprozess von *Try This* nicht so sehr beteiligt, wie es damals den Anschein erweckt hatte. Bei *I'm Not Dead* wurde sie nun aber regelrecht „gezwungen, [ihre] ganzen Gefühlen darin einfließen zu lassen". Verantwortlich hierfür waren die Co-Autoren und Produzenten wie Billy Mann, Max Martin (der Britney Spears' „… Baby One More Time" schrieb), Josh Abraham, Luke Gottwald, Butch Walker und Mike Elizondo – ein wesentlich stärker am Pop orientierter Haufen als die Kollegen, mit denen sie an *Try This* gewerkelt hatte. „Ich vermute mal, dass ich an diesem Punkt angelangt war, an dem ich das Gefühl verspürte, der Welt etwas geben zu müssen. Ich empfand da diese Leere und wusste, wie ich sie ausfüllen konnte. Die Leute laberten keinen Mist mehr. Ich fühlte mich einfach kreativ und emotional bereit und es wurde großartig."

Während der Vorbereitungen zu der CD schwebte Pink auf einem kreativen Hoch und schrieb mehr als 40 Songs. Die Themen? „Alles, was mir in den Kopf kam." Die Tracks – für die Pink in den Credits als Produzentin, Sängerin, Background-Sängerin, Keyboarderin und Pianistin genannt wurde – deckten ein breites Spektrum ab. Sie reichten von sehr persönlichen Titeln bis hin zu politisch ambitionierten Songs. Der Opener „Stupid Girls" mit seinem überaus bissigen Text mag von den Hörern mit Humor oder Verärgerung aufgenommen worden sein. Wie schon erläutert, stellte die Nummer Pinks Kritik an einer Generation junger Mädchen dar, der ihrer Meinung nach vernünftige Perspektiven fehlten. Der zweite Track, das melancholische „Who Knew" (zugleich auch die zweite Single) handelte vom „Tod einer Freundschaft". „You're best friends forever, and then three years later you haven't seen each other in two years – what happened?", fragt sie rhetorisch. „You grow apart and people come in and out of your life for different reasons, seasons." Auf einer anderen Ebene interpretiert, handelt der Songs vom Tod so mancher Freunde. Einige von ihnen waren während Pinks Jugend an einer Überdosis gestorben. Sie erklärte, dass „Who Knew" von mehr als nur einer Person handelt. „In dem Song haben sich Erlebnisse mit einigen Bekannten niedergeschlagen … Er handelt von einem Trauerprozess. Du schaust dir einen Menschen an, er ist gerade in deiner Nähe und am nächsten Montag schon nicht mehr am Leben." In einem Interview mit dem TV-Sender TV3 erzählte die Sängerin, dass sie „schon lange einen Song über den Tod schreiben wollte, da er ihr schon in frühster Jugend begegnete".

An anderer Stelle deutete sie umstandslos die bitterböse Ironie des Songs – dass der Titel leicht ihre „Grabinschrift“ hätte sein können, da noch nicht einmal der Tod ihrer geliebten Freunde sie während ihrer wilden Zeit von den Drogen losreißen konnte. „Nein, die Todesfälle haben mich nicht abgehalten, weil ich einfach zu jung gewesen bin. In dem Alter denkst du nicht über Sterblichkeit nach, denn du hast nichts zu verlieren.“ Warum konnten ihrer Meinung nach die Leute den harten Drogen nicht widerstehen? „Das hat viel mit Langeweile zu tun, dem Gefühl, verloren zu sein, nicht zu wissen, worin man gut ist.“ Pink wusste, dass es riskant war, über den Drogenmissbrauch in ihrer Vergangenheit zu schreiben. Egal wie kritisch sie darüber erzählte, bestand doch die Gefahr, einige Fans zum Konsum zu ermutigen. „Ich bereue die Zeit damals nicht, bin aber besonders stolz darauf, nicht mehr in so einer Situation zu stecken. Aber natürlich gibt es da draußen junge Leute, die denken: ‚Sie hat das gemacht und darum kann ich das auch.‘“

Beim dritten Song, „Long Way To Happy“, sticht Pinks fiebrige Stimme aus dem Mix heraus, die vor dem Hintergrund harter Rock-Riffs die schreckliche Geschichte einer Vergewaltigung im Teenager-Alter erzählt. Sie basiert auf der Niederschrift einer Missbrauchserfahrung, die Pink als Teenie selbst machte. „Es ist ein Gedicht, das ich mit 13 Jahren begann und nun endlich zu Ende gebracht habe. Es handelt vom Missbrauch, einem schon fast zur Gewohnheit gewordenen Erlebnis. Ich kenne viele Leute, die missbraucht, belästigt oder von einem Nahestehenden gefickt wurden, und ich bin da keine Ausnahme. Meine Stücke werden zu 90 Prozent von meinem Leben inspiriert.“

Wie auch viele andere Songs von Pink überzeugt „Long Way To Be Happy“ durch den radiofreundlichen Pop-Rock, dessen direkte Anziehungskraft und schmeichelnde Melodie sich mit der schwierigen Thematik krass beißt. Die Freude und das Vergnügen, die der Hörer bei Pinks Stücken spürt, reflektieren ihrer Meinung nach den reinigenden, therapeutischen Nutzen, den sie selbst beim Schreiben daraus zieht. In ihren Songs spiegeln sich die oftmals „herzzerbrechenden" Fanbriefe wider, viele von gequälten, misshandelten Heranwachsenden verfasst. Sie beschreibt das Ganze als „eine Art von schräger, zufälliger Gruppentherapie". Die persönlichen Enthüllungen der Musikerin helfen ihr dabei, die eigenen Qualen und ungelösten Probleme ihrer Jugend in Relation zum Leben zu setzen.

Die Ballade „Noboby Knows" bietet Pink die Gelegenheit, ihr gesangliches Können durch eine packende, gefühlvolle Performance zu zeigen, die alle drittklassigen „Talente" von *X Factor* und *American Idol* vergessen macht – und zwar auf immer und ewig. Von Fans als der offenste und ihre Verletzlichkeit am stärksten spiegelnde Track des Albums beschrieben, handelt der Song von Emotionen, die Menschen aus Angst oder Scham verstecken. „Dear Mr. President" ist, wie schon dargestellt, ihr offener Brief an den Präsidenten der USA, geschrieben in der Form einer ganzen Reihe von rhetorischen Fragen an George „Dubya". Dabei greift sie wichtige Themen wie den Irak-Krieg, die Rechte von Schwulen und Lesben, Obdachlosigkeit und Drogenmissbrauch auf.

Der Titeltrack wird von Pink als ihre erste subtile und poetische Eigenkomposition bezeichnet. „Meist schreibe ich Songs in einem bildhaften, grellen und direkten Stil. Für mich sind Begriffe wie Diplomatie und Subtilität Fremdwörter." „I'm Not Dead" entstand am Ende der musikalischen Beziehung zwischen Pink und dem Produzenten Billy Mann (im Text findet sich die düstere Zeile: „You're my crack of sunlight"). Damit drückt Pink ihre

Angst vor dem Ende einer weiteren guten Freundschaft aus. „Wir empfanden Angst, uns aus der Beziehung zu lösen, nachdem uns klar geworden war, wie sehr uns die gemeinsame Zeit verändert hat und wie beängstigend weitere Veränderungen sind."

„Cuz I Can", eine der sieben Auskopplungen des Albums, war schwieriger zugänglich als der Rest der CD, obwohl das energiegeladene Stück Ohrwurm-Qualitäten besaß. Der Song beginnt mit einem kurzen Riff, der von einem stampfenden Glam-Beat abgelöst wird, unterlegt von einer schneidenden, sich wiederholenden Gitarrennote – das Ganze klingt, als würden Guns N' Roses mit der Glitter Band jammen. Pink beginnt danach mit einer kurzen gesanglichen Einleitung, bevor sie die härtesten Macho-Rapper in den Schatten stellt. „I'm P.I.N.K.P.I.M.P. I'm back again, I know y'all missed me", frotzelt sie. Dann prahlt die Sängerin: „I drink more than you, I party harder than you, and my car's faster than yours." Nachdem sie auf ihre 23-inch-Felgen gekotzt hat, zeigt sich die Musikerin ingnorant: „Yeah, I talk shit, just deal with it", und gibt danach zu, ein Leben voller Sünde geführt zu haben („lived a life of sin"). Aber das ist ihr völlig schnuppe („I don't give a damn"). Schließlich erklingt das Falsett-Stakkato „ice cream, ice cream, we all want ice cream", das an das Mitte der Siebziger populäre und bizarre Pop-Duo Sparks erinnert. „Cuz I Can" wurde als „Kontrast zum konsumkritischen Inhalt von ‚Stupid Girls'" bezeichnet, die Sache ist aber vielschichtiger. Pink hatte ihren Spaß dabei, sich als aufgedonnerte, üble Tusse darzustellen, die gleichzeitig Rufmord und offen zur Schau getragenes Konsumverhalten kritisiert. In Bezug auf den Song nennt sie sich selbst „einen lebenden Gegensatz" und „manchmal auch eine Heuchlerin", was darauf hindeutet, dass sie – wie auch die Hörer – nicht wirklich viel mit der Aussage des Songs anfangen konnte.

Beim nächsten Track, „Leave Me Alone (I'm Lonely)", kommen neuerlich Gegensätze zur Darstellung. Er handelt von den paradoxen Gefühlen Pinks in sehr persönlichen Beziehungen, besonders von der Tendenz, sich Nähe zu ersehnen, aber bei tatsächlicher Nähe zu flüchten. „Go away, come back … Why can't I have it both ways?", fragt sie sich. An anderer Stelle aber setzt sie das beengende Gefühl und die Eintönigkeit des Miteinander-Lebens mit dem Essen der immer gleichen Gerichte in immer demselben Restaurant gleich. Pink erklärte dazu: „So läuft es bei mir eben. Ich bin ein wandelnder Konflikt." Sie interpretierte den Titel mit seinem unvergesslichen Refrain und den extrem vielen Schimpfwörtern als „eine spaßige Variante des Liebeslieds … Ich werde total eingeengt … Dann muss ich da raus, denn jede Frau braucht ihren Freiraum".

Für „U + Ur Hand" benötigte Pink keine „schlimmen Wörter", denn der neunte Track des Albums hatte einen durch und durch „unanständigen" Text. Er ist eine Ode an die Masturbation, getarnt als Rückzugsgeschichte eines Mannes, der die Sängerin verführen will. Als der Titel schon vor der offiziellen Veröffentlichung im Internet durchsickerte, wurde er augenblicklich zu einem der beliebtesten Fan-Songs.

Für Pink zählen „Runaway" und ähnliche Tracks ihres Katalogs zu den Stücken, die direkt oder indirekt ihre schwierige Kindheit thematisieren. „Besonders für [meine Eltern] ist es hart, wenn ich über Dinge schreibe, von denen sie überhaupt nichts wussten … Meine Mutter meint dann: ‚Warst du wirklich so wütend? Habe ich dich so sehr abgelehnt? War ich wirklich so eine schlechte Mutter?' ‚Nein, Mom – du warst toll. Du hast nicht versucht, mich mit dem Auto zu plätten. Ich hab's doch geschafft.' Weil ich alles niederschrieb und mit der Welt teilte, konnte ich mich von den meisten Problemen befreien." Musikalisch spielt „Runaway" das Grunge-Ass aus – der Song bewegte sich von sanften hin zu harten Tönen, changiert zwischen leisen und lauten Parts, immer genau in dem Moment, wenn die Strophe in den Refrain übergeht. Man kann sich fast Courtney Love als Sängerin vorstellen, besonders bei dem Verspaar „I'll meet you in hell" und „I'm not the perfect girl". Auf diesem Track klang Pinks Stimme schon rau und heiser, doch bei dem akustischen, vom Blues beeinflussten „The One That Got Away" klang sie wie eine kreischende, krakeelende Janis Joplin nach einigen starken Kippen. Der Text handelt von dem Dilemma der Unentschiedenheit: „Ist er es? Oder soll ich noch warten?"

In „I Got Money Now" erzählt Pink, dass sie durch den materiellen Wohlstand nicht glücklicher geworden ist. Bei der langsamen, düsteren und Niedergeschlagenheit vermittelnden Ballade, deren Melodie von den Beats eines Drum-Computers unterlegt ist, hört sich die Sängerin auch eher bemitleidenswert an. Doch trotz der gedrückten Atmosphäre und der langsamen Gangart wird es dem Hörer schwerfallen, die Musikerin zu bedauern, nicht zuletzt wegen solcher Textzeilen wie: „I'm so busy buying things and travelling the world I have no time for friends and family."

„Conversations With My 13 Year Old Self" muss ohne Gitarre auskommen. Der Track klingt wegen des üppigen Orchesters eher „aufgeblasen" und vermittelt den Eindruck einer „grungigen" James-Bond-Melodie. Im Text zeichnet Pink das Porträt eines ganz auf sich selbst bezogenen Teenagers – und die Bezeichnung „selbstbezogen" ist an dieser Stelle angemessen, denn die Zeilen wurden von der Sängerin als eine Art Trost für die wütende, verängstigte 13-jährige Alecia Beth Moore verfasst. Pink beschreibt den Song als „lange, ausgedehnte Therapiesitzung", die für ihr

„angepisstes, kompliziertes" jüngeres Selbst stattfindet. Vor dem Hintergrund pompöser Klavierakkorde und gezupfter Streicherlinien erklärt sie die Teilnahmslosigkeit der anderen und ihre Einsamkeit, welche sie mit allen Kräften vermeiden wollte. Nun möchte sie ihr 13-jähriges Ich in die Arme schließen und besänftigende Worte des Trosts spenden – für einen Teenager, dem sein Herz gebrochen wurde. Aber wahrscheinlich hätte die „jüngere Pink" bei einer Annäherung ihr Gegenüber schroff zurückgewiesen. Die Sängerin kommentiert das Stück so: „Ich hätte eine herzliche Umarmung gebraucht – und ich bekomme sie jetzt! Aber wenn ich mein 13-jähriges Ich in die Arme geschlossen hätte, wäre ein harter Arschtritt von ihr normal gewesen. Danach wäre sie weinend zusammengebrochen."

Bei „Fingers", dem vorletzten Track der CD, zieht das Tempo an. Er beginnt wie ein Techno-Pop-Song und schon kurz danach „brettern" harte, verzerrte Gitarren in die Klanglandschaft. „Fingers" handelt – wie könnte es auch anders sein – wieder von der Masturbation, davon, wie sich Pink bei der Selbstbefriedigung auf Videotape bannt. Damals wollte sie gar nicht unbedingt einen weiteren „Wichs-Song" auf das Album nehmen, aber es musste eben sein! Es musste sein – das dachten sich auch Pinks Fans im Fernen Osten. Sie wählten das Stück für eine Handy-Werbung in Taiwan und Korea aus.

Die letzte Nummer des Albums, ein „hidden track" mit dem Titel „I Have Seen The Rain", ist ein Gemeinschaftswerk der Sängerin mit ihrem Vater James T. Moore. Pink erklärt im Intro, dass ihr Dad den Text „ungefähr vor 40 Jahren verfasst hatte", als er als Soldat in Vietnam stationiert war. „Auch heute noch entfaltet der Song seine Wirkung. Es ist der Aufschrei eines Soldaten!" Gewidmet „all den Veteranen da draußen", verriet Pink, dass sie das Stück zusammen mit ihrem Vater bei „verschiedenen Vietnam-Kundgebungen“ spielte. Sie hatte den Song schon immer mit ihm aufnehmen wollen. Ihr Vater hingegen musste erst einige Probleme überwinden: „Er war so nervös. Diese Erfahrung zu teilen, diese Nähe zu spüren, gehört zu den schönsten Erfahrungen, die ein Vater und seine Tochter erleben können.“ Pink tat ihr Möglichstes, um einer Joan Baez nahezukommen, und ihr Dad klang eindeutig wie Bob Dylan. „I Have Seen The Rain“ schien aus einer großen Höhe von einem völlig anderen Album herabgefallen zu sein, schien aus einer anderen Ära zu stammen, und darum war es eine gute Idee, den Track am Ende der CD zu platzieren. Für Pink bedeutete dies eine Art Höhepunkt, ein persönlicher Kulminationspunkt.

„Es war der erste Song, den ich lernte, ja sogar hörte“, erklärte sie der *Mail On Sunday*. „Als ich Dad von meinem Wunsch erzählte, ihn aufnehmen zu wollen, hatte er Tränen in den Augen. Zum ersten Mal in meinem Leben sah ich Dad weinen. Mein Vater war, wie das wohl auch bei jedem anderen kleinen Mädchen der Fall ist, der erste Held in meinem Leben. Ich erzählte ihm immer, dass er einmal stolz auf mich sein und dass ich ihm ein Wohnmobil kaufen werde. Ich hoffe, dass er jetzt stolz auf mich ist, und dränge ihm dauernd das Wohnmobil auf, aber er will es nicht mehr.“

Pink könnte wahrscheinlich auch dem entferntesten Mitglied ihrer Familie ein Wohnmobil spendieren, bedenkt man die Umsätze, die sie mit *I'm Not Dead* „einfuhr“. Obwohl das Album nicht den phänomenalen Erfolg von *M!ssundaztood* toppte, lässt es die Werke vieler anderer Interpreten im Schatten stehen. Aktuell verkaufte der Tonträger insgesamt mehr als 6,5 Millionen Einheiten. Auf der ganzen Welt wurde es ein substanzieller Erfolg und besonders in Australien nahm man die CD mit Begeisterung auf. In den USA gelangte das Album in die Top 10, obwohl es dort die wenigsten Umsätze generieren konnte, bis dann die Single „U + Ur Hand“ den Verkauf wieder ankurbelte. Obwohl das Album nur einen mageren 96. Platz in den Jahresverkaufscharts 2007 belegte, gingen allein 126.000 Tonträger in der ersten Woche über die Ladentische. Somit konnte es auf Platz 6 einsteigen, einer im Vergleich zu den beiden Vorgängern höheren Platzierung, obwohl die absoluten Verkaufszahlen von *I'm Not Dead* in der ersten Woche niedriger ausfielen. Insgesamt verkaufte sich die CD anfangs in den USA am schlechtesten von allen Pink-Alben und rutschte schon nach 23 Wochen aus den *Billboard* 200, tauchte aber dann im späten Dezember 2006 wieder auf Platz 198 auf. Im Dezember 2007 wurde der Tonträger für 1.150.000 Einheiten von der RIAA (Recording Industry Association of America) mit einer Platin-Auszeichnung honoriert.

In Großbritannien stieg *I'm Not Dead* auf Platz 3 der Charts ein, nachdem fast 40.000 Stück davon verkauft worden waren, und kam insgesamt auf den neunten Platz der Bestseller 2006 – 848.000 Exemplare standen nun in den Regalen der britischen Fans. Dreimal Platin gab es dann von der BPI (British Phonographic Industry) schon im Januar 2007, denn die CD hatte die Marke von 900.000 Einheiten geknackt. Im Mai des Jahres freute sich Pink über die stattliche Anzahl von 1.125.000 abgesetzten Tonträgern. Das Album „verweilte“ insgesamt 84 Wochen in den Top 75 und ließ sich sogar im Oktober 2007 noch einmal auf dem 99. Rang in den Top 100 blicken – Gesamtbilanz: 1.173.564 Exemplare! Und die Nachfrage hält an.

In Kanada ging es in der Veröffentlichungswoche direkt auf Platz 2 (13.000 verkaufte Einheiten). Insgesamt verkaufte die CD 100.000 Exemplare und wurde dafür von der CRIA (Canadian Recording Industry Association) mit Platin belohnt. In Neuseeland nahm die Charts-Kurve einen bizarren Verlauf. Nach 37 Wochen in der Hitparade erreichte *I'm Not Dead* die Spitzenposition! Alles in allem kam der Silberling insgesamt in 18 Ländern in die Top 10 (in Deutschland gelangte er sogar auf den ersten Platz) und wurde in 17 davon mit Gold, Platin oder Mehrfach-Platin ausgezeichnet. Die Statistik des Erfolgs in Australien beeindruckt jedoch am meisten. Zweimal erklomm das Album den ersten Platz. Zuerst 26 Wochen nach der Veröffentlichung (es war gleichzeitig Pinks erstes australisches Nummer-1-Album) und das zweite Mal in der 61. Woche seiner Listung in der Hitparade der ARIA (Australian Recording Industry Association). *I'm Not Dead* „klebte" 62 aufeinanderfolgende Wochen in den Top 10 und erhielt dafür im August 2007 von der ARIA achtmal Platin (Bilanz: 560.000 Einheiten). Pinks erfolgreichstes Album „Down Under" kam in den Jahren 2006 und 2007 jeweils auf Rang 2 der meistverkauften Tonträger amerikanischer bzw. weiblicher Interpreten. Insgesamt fünf Singles wurden ausgekoppelt. Der Australian-chart.com zufolge erlebte das Werk im August 2008 eine „Wiedergeburt" auf dem 35. Platz – damit verbrachte es insgesamt 94 Wochen in der australischen Hitparade. Doch damit war seine „Karriere" noch lange nicht vorüber. In der 100. Woche hatte die Plattenfirma 630.000 Exemplare abgesetzt, was neunmal Platin bedeutete. Am 26. Januar 2009, in der 133. Woche, stand *I'm Not Dead* auf Platz 18 und war somit das Album in der australischen Geschichte, das sich nach Shania Twains *Come On Over* am zweitlängsten in der Hitparade gehalten hatte.

Soviel zu den kommerziellen Aspekten. Die Kritiker bewerteten *I'm Not Dead* hingegen mit gemischten Gefühlen. Positiv aufgenommen wurde die Tatsache, dass Pink nach dem eher erfolglosen *Try This* „sich nicht auf Altbewährtes zurückzog" – damit ist ganz klar der tanzbare Rock von *M!ssundaztood* gemeint, vielleicht sogar noch der glitzernde, urbane Pop des Debüts. Obwohl starke und eingängige Rhythmen das Album charakterisierten, kann es sicherlich nicht als Versuch beschrieben werden, die alte Party wieder neu zu starten.

Die Kritiker tendierten zu einer Wertschätzung der unterschiedlichen Ausdrucksformen, die sich auf dem Album fanden, sowohl musikalisch als auch textlich, obwohl einige Journalisten statt der Charakterisierung der Ausdrucksformen als „unterschiedlich" auch Begriffe wie „konträr" oder sogar „widersprüchlich" benutzten. Damit spielten sie auf Beispiele an, bei denen Pink etwa einerseits „Porno-Paparazzi-Girls" wie Paris Hilton angreift und andererseits bei einem Song wie „Cuz I Can" ihre Klunker aufblitzen lässt und brüllt, jetzt genügend Geld zu besitzen. Allgemein jedoch bewerteten die Journalisten die Fähigkeit Pinks mit Wohlwollen, in der einen Minute hüftschwingend, herumstolzierend und fluchend wie ein „ganzer Kerl" zu agieren und kurz danach melancholische und zärtliche Songs zu singen. Einige Kritiker hoben die anerkennenswerte Leistung hervor, auf ein und demselben Album einen Präsidenten und einen abgehalfterten Typen in einer Bar mit bissigen Kommentaren zu belegen sowie die Tragödie des Missbrauchs zu thematisieren und dann innerhalb kürzester Zeit eine Art Kinderreim zu singen („Ice cream, ice cream, we all want ice cream").

Besonders der musikalische Eklektizismus gefiel den Kritikern, den sie auf die Zusammenarbeit mit so unterschiedlichen Leuten wie Max Martin als dem Hitschmied für Britney Spears auf der einen Seite und den Indigo Girls, diesen Indie-Folk-Queens, auf der anderen zurückführten, die mit ihrem spartanisch arrangierten Protestsong einen ganz gegensätzlichen Farbtupfer ins Spiel brachten. Disco-Rock mit harten Fuzz-Gitarren, aufgeblasener Power-Pop, Blues, Folk, Stadion-Balladen mit „Feuerzeuggarantie" und von knackigen Riffs angeheizte elektronische Sounds – *I'm Not Dead* war entweder ein kunterbunter Mischmach, Beweis der Unentschlossenheit nach den durchwachsenen Besprechungen von *Try This,* oder, wie ein Kritiker schrieb, der Beleg für Pinks neue musikalische Freiheit, die nun „Musik macht, die riskanter und befremdlicher ist als alles andere im Mainstream-Pop des Jahres 2006".

Ein Schreiberling bemerkte, dass Pinks *I'm Not Dead* für ein sogenanntes Mainstream-Album – und obwohl sie seit ihrem Debüt nie mehr mit so vielen Mainstream-Produzenten gearbeitet hatte – „befremdlicher denn je" klinge, und interpretierte das als „Zeugnis ihrer Stärke als Künstlerin und Mensch". Das stärkste Album und zugleich das befremdlichste – der Autor der Kritik lobte zudem Pinks Ambitionen und ihre stilistische Bandbreite – ihre authentische, bluesige Performance auf „The One That Got Away", die herausfordernden Provokationen von „Stupid Girls" und „U + Ur Hand" und den leichten Hauch Popmusik bei „Leave Me Alone (I'm Lonely)". Abschließend fasste er zusammen: „Mit anderen Worten – sie kreierte einen komplexen Sound: Klug, witzig, sexy, packend und insbesondere überraschend und unvorhersehbar. Dies ist das dritte Album hintereinander, auf dem sie zu einem Rundumschlag ausgeholt und die Erwartungen übertroffen hat, eben weil es wilder, stärker und besser geworden ist als der jeweilige Vorgänger. *I'm Not Dead* ist der positive Beweis, dass es doch noch einige, wenn auch wenige, Pop-Musiker gibt, die im neuen Millennium den Hörer in ihren Bann ziehen können."

An anderer Stelle verteilte ein Autor eine stattliche Punktzahl für den hohen autobiografischen Gehalt von *I'm Not Dead* und ging dabei zurück bis zu den Tagebuchnotizen von *M!ssundaztood*. Er schätzte das Vermögen Pinks, ihre schlimmen Erfahrungen in anspruchsvollen, aber trotzdem eingängigen Pop-Rock zu verwandeln. Auch ihr Gesang wurde bejubelt und als „Grammy-würdig" eingestuft – Lobeshymnen gab es zudem für ihre Attacke auf dümmliche Tussis. Pinks offene und bekenntnishafte Art, Texte zu verfassen, zog positive wie auch negative Kommentare nach sich. Die meisten Journalisten stellten aber heraus, dass ihre brutale und schonungslose Ehrlichkeit sehr selten im Popgeschäft anzutreffen sei.

Der *Guardian* verfasste einen dramatisch anmutenden Bericht nach der Veröffentlichung von *I'm Not Dead*. Dem Artikel zufolge hatte Pink in der Vergangenheit schon oft Kämpfe ausgefochten – etwa mit ihren Eltern und mit der Plattenfirma –, sie musste sich jetzt aber einer alles entscheidenden Schlacht stellen: Es ging um nichts weniger als die Rettung ihrer Karriere, nachdem „ihr Stil des Chick-Rock", wie das Blatt urteilte, bei Kritikern und Publikum in Missgunst gefallen war. In diesem Kontext bedeutete der Albumtitel „einen der vielen Nachrufe auf ihre verzweifelte Vergangenheit, obwohl sie diesmal nicht von der Songwriterin Linda Perry unterstützt wurde", und stand zugleich für ein „gequältes Lächeln auf dem Gesicht einer kränkelnden Statue". Der Autor des seriösen Blattes mochte zwar die „sanfte Melancholie" von „I Got Money Now", verriss aber das „düstere Drama" „Conversations With My 13 Year Old Self", da Pink hier ihr Kindheitstrauma in unverhältnismäßiger Weise und geradezu exhibitionistisch zur Schau stelle. Ihr „Party-Spirit ist nun flach, trotz eines gelegentlichen Aufloderns, das vom schwedischen Pop-Maestro Max Martin initiiert wird". Der *Guardian* schätzte aber wiederum das „beklemmende ‚I Have Seen The Rain'", ein „Musterbeispiel für Subtilität und künstlerische Reife", das „zeigt, dass Pink den Hörer immer noch umblasen kann, wenn sie ihr gebrochenes, inneres Kind in Ruhe lässt".

Die bedeutendsten Kritiker jedoch konnten sich mit Lobesbekundungen nicht zurückhalten. Robert Christgau schwärmte, dass es „schön [ist], diesem emotionalen Hipster“ auf *I'm Not Dead* „dabei zuzuhören, wie er angesichts seines Prominentenstatus Protest und Kritik in das dumme Gesicht der Welt schleudert“. Er beschrieb „I've Got Money Now“ als „einen besonders klugen Anti-Starruhm-Song. Viel, viel schlauer als normalerweise gewohnt“. Der Starkkritiker honorierte das Album insgesamt mit der Spitzennote „A-“. Natürlich hielt der *Rolling Stone* mit seiner Meinung auch nicht hinter dem Berg und beschrieb Pink als „populistische Bilderstürmerin“ und so „ambitioniert, wie Madonna einst war: Ein Durcheinander von Gegensätzen und persönlichen Verstrickungen, aber mit dem Geschick, durch diese inneren Konflikte ihre Kunst stark zu machen.“ Zum Abschluss fasste die US-Rockbibel zusammen: „[Das Album] schwappt über vor einer Großspurigkeit, bei der die meisten Kerle nicht mithalten können. Egal ob sie nun Rock, Pop, R'n'B oder ihren bekannten Stilmix aus allen drei Genres singt, eines wird klar: Die 26-Jährige aus Doylestown, Pennsylvania, präsentiert ihre Stücke mit einer Dringlichkeit, die ihresgleichen sucht, und geht dabei mehr Risiken ein als all ihre Kollegen des Pop-Radios.“

KAPITEL 7

EIN SUPERSTAR IM GEMÜSEGARTEN

„Manchmal setze ich mich auch nur in den Wagen und tauche dann einfach irgendwo auf. Ab und zu gibt es Momente, in denen ich an einem Kurs teilnehme und plötzlich von einem Typen oder einem Mädchen angeschaut werde und genau weiß, was er oder sie denkt: ‚Das da ist doch Pink, oder?' Aber ich gehöre nicht zu den Leuten, denen es schwerfällt, mit ganz normalen Menschen zu reden."

In einem gewissen Sinn kann Pinks viertes Album als zweites *Thriller* bezeichnet werden – mit sieben Single-Auskopplungen steht es in Konkurrenz zu Michael Jacksons 82er-Opus, von dem auch sieben Songs zum Einsatz kamen und das sich als Füllhorn voller Hits erwies. Die erste Single-Auskopplung „Stupid Girls" wurde in Australien zu einem Platz-4-Hit und kam in den USA unter die Top 20.

„Who Knew", die zweite Single des Albums, erschien im Mai 2006, konnte sich zuerst zwar nicht in den *Billboard* Hot 100 platzieren, aber im März 2007 dann doch noch den 95. Platz erreichen. Im Juni 2007 legte die Plattenfirma das Stück neu auf, woraufhin der Song im September des Jahres Platz neun der Hitparade erklomm. Somit konnte sich Pink über den achten Top-10-Erfolg einer Single in den USA freuen. Dieser Titel und „U + Ur Hand" halfen dabei, den Verkauf von *I'm Not Dead* wieder anzukurbeln. Möglicherweise erreichte damit auch die Karriere der Sängerin in den USA nach *Try This* wieder ein höheres Level. „Who Knew" schoss in vielen Ländern ebenfalls in die Top 10, darunter auch in Großbritannien, wo der Track sogar auf Platz fünf kletterte, 26 Wochen in den Charts blieb und dadurch zu Pinks „langlebigster“ Single im UK avancierte. In Australien hingegen gab es einen zweiten Platz und Platin für insgesamt 70.000 verkaufte Einheiten. In der Jahresliste der ARIA-Top-100-Singles stand der Song auf dem neunten Platz.

Das *Billboard*-Magazin bejubelte die Auskopplung, geschrieben von Luke Gottwald, Max Martin und Pink, jenem Trio, das auch für „U + Ur Hand“ verantwortlich war, und nannte sie „ein weiteres cooles, intelligentes und leidenschaftliches musikalisches Juwel über den Tod eines Freundes und/oder einer Freundschaft“. Die „Bibel“ der amerikanischen Musikindustrie folgerte, dass das Stück „Pinks Position als klügste weibliche Sängerin/Songwriterin der Millennium-Ära untermauert und ihren überragenden Status als Prinzessin des Alternative-Pop in Großbuchstaben in den Sternenhimmel schreibt“. Der Song wurde zudem gut promotet, denn Pink hatte die Gelegenheit, ihn bei *American Idol* vorzustellen, was sie sich natürlich nicht entgehen ließ.

Die Aufnahmen zum Video der Single fanden im Frühjahr 2006 in Los Angeles statt. Zum Team gehörten Sam Bayer (der zuvor Nirvanas epochales „Smells Like Teen Spirit“ filmisch umsetzte), Robert Hales (verantwortlich für Gnarls Barkleys „Crazy“) und Brian Lazzaro. In dem Streifen sieht man Pink mit einem Nasenring und platinblonden Haaren (ähnlich dem Cover von *I'm Not Dead*) beim Betreten eines Vergnügungsparks. Im Hintergrund streiten sich ein junger Mann und eine junge Frau über seinen Drogenkonsum. Am Ende des Clips findet sie ihn nach einer Überdosis bewusstlos, ruft einen Rettungswagen und verlässt den Ort unter Tränen, als die Sanitäter ankommen.

Die Single „U + Ur Hand" benötigte satte drei Monate, um in die American Hot 100 zu gelangen, und erreichte, wie schon der Vorgänger, die Höchstnotierung auf dem neunten Platz – laut den Umsatzzahlen war der Titel die erfolgreichste Single von *I'm Not Dead* und Pinks zweiterfolgreichster Song seit „Just Like A Pill" (2000). In den kanadischen Charts stieg er bis auf Platz 24 und in Europa ließ er sich in den meisten Ländern sogar unter den Top 20 blicken. Großbritannien honorierte das Stück mit Platz 10, in Deutschland konnte es bis auf vier steigen, die Franzosen verhielten sich mit einem Platz 11 ein wenig zurückhaltender. In Australien kam der Titel auf den fünften Platz, ergatterte Platin für 70.000 verkaufte Exemplare und rangierte auf Platz 25 der ARIA Top-100-Singles 2006.

Wie die Sängerin in der Doku *The Making Of The U + Ur Hand Video* zugab, ergaben sich durch den Clip aber auch Probleme. Wenn Pink mit ihren Freunden in einem Club abtanzte, versuchten Männer sie oft anzumachen, die nach einer Ablehnung dann sofort den Song erwähnten und ihre sexuelle Orientierung in Frage stellten. „Wenn du Typen in einem Club abblitzen lässt, halten sie dich automatisch für eine Lesbe", knurrte sie, vergaß dabei aber nicht die spaßigen Erlebnisse zu erwähnen. So belauschte sie einmal einen Pechvogel, der von einem Mädchen einen Korb bekommen hatte und dann zerknittert meinte: „Na gut, dann sind eben nur ich und meine Hand in dieser Nacht am Start." Pink amüsierte das so sehr, dass sie einen Song darüber schrieb.

Aber nicht jeder verstand den Witz. In den USA boykottierten einige Radiosender den Song wegen des offensichtlichen Bezugs zur Masturbation. Als Pink für einen Auftritt in der Sendung *American Idol* Titel und Text ändern sollte, giftete sie: „Ich soll für euch den Song umschreiben? Für diese beschissene Sendung *American*

Idol? Was soll das denn heißen – habt ihr etwa nur platonischen Sex?“ Dennoch ging der TV-Sender als Sieger aus dem Streit hervor und Pink sang schließlich „Who Knew“.

„U + Ur Hand“ wurde als „Hymne der Damenwelt“ bezeichnet und als „sehr passend für Frauen, denen es auf den Nerv geht, in einem Club ständig von Typen angebaggert zu werden. Mit dem Spruch konnten sie den Männern eine gehörige Abfuhr erteilen.“ Der *Rolling Stone* kommentierte, dass Pink „in dem Song einen stolzen, frechen und bissigen Ton anschlägt“, während der *Guardian* eher ambivalent reagierte: „Die markigen Sprüche machen den plötzlichen Wechsel von modernen, stilsicheren Beats zum grobschlächtigen Power-Pop erträglich.“

Dave Meyers, der auch bei „Stupid Girls“ Regie geführt hatte, zeichnete für das Video zu „U + Ur Hand“ verantwortlich. Es wurde im Dezember 2005 in Sun Valley, Kalifornien, in der Haziza Gallery in Los Angeles, in den LA Center Studios und im Roosevelt Hotel in Hollywood aufgenommen. Pink ist in verschiedenen Rollen und Posen zu sehen, jedes Mal mit anderen Spitznamen wie zum Beispiel „Baby Red Knuckles“, „Rocker Bikerboy“ und „Hard Candy“. Einmal spielt sie einen Gothic-Vamp mit einer langen schwarzen Perücke, ein anderes Mal einen „Punk-Kobold“ mit neonrotem Haar. Pink erzählte, dass sie für jede Einstellung vier Stunden Make-up und eine Stunde Shooting benötigte. Trotz der bunten und lebendigen Aufnahmen kann die Arbeit zum Video aber sicherlich nicht als reines Vergnügen bezeichnet werden.

Die vierte Single, „Nobody Knows“, erschien nicht in den USA, kam aber in Großbritannien, Irland und Australien unter die Top 40 (es war Pinks schlechteste Chart-Platzierung im UK und die erste Auskopplung des Albums, die die Top 10 verfehlte). Merkwürdigerweise erreichte die Single in allen drei Ländern exakt den 27. Platz. In Australien war der Song der einzige Track von *I'm Not Dead*, der sich keinen Platz in den Top 5 sichern konnte. Dennoch hatte Pink Glück, denn mit „Who Knew", „U + Ur Hand" und „Nobody Knows" befanden sich drei Songs in den australischen Top 50. In Deutschland kletterte der Song bis auf Platz 17.

Das Video zu dem Stück nahm Jake Nava in London auf, der auch schon bei dem von der MOBO nominierten Clip „Crazy In Love" von Beyoncé Regie geführt hatte. Das düstere Filmchen wirkt durch die minimale Beleuchtung und durch die verschiedenen Szenen, in denen die Sängerin auftritt. Sie zerlegt das Schlafzimmer eines Hotel (die Szene wurde im exklusiven The May Fair gedreht, das im noblen Londoner Stadtviertel Mayfair liegt), kauert verzweifelt in der Fötus-Stellung unter der Dusche, geht im Regen eine Straße entlang, vorbei an einem Liebespärchen und einigen Betrunkenen, wehklagt auf dem Rücksitz eines Taxis und singt am Ende vor einem leeren Saal, dabei bemüht, einen Auftritt zu mimen. Mit dem Video kreierte der Regisseur einen geschmackvollen, schwermütigen Clip, der einen ausdrucksstarken visuellen Kontrapunkt zu dem Song bot.

Single Nummer fünf war schließlich „Dear Mr. President", Pinks politisch ambitionierte Zusammenarbeit mit den zu solchen Aktionen immer bereiten Indigo Girls. Das lesbische Kult-Duo war ins Studio eingeladen worden, weil sie „wirklich an den Song" glaubten und Pink „ihr Engagement mit Blick auf das selbstgewählte ‚Aufgabenfeld' verehrte, auf dem sich die Musikerinnen austobten". Die Bewunderung basierte auf Gegenseitigkeit, wie es Amy Ray von dem Duo ausdrückte: „Ich habe immer ihren harten Schlag in der Welt der Top 40 geschätzt, den direkten und schnellen Ansatz. Der Song ist großartig. Gerade jetzt brauchen wir ein Stück, in dem so wichtige Fragen aufgeworfen werden." Pink nannte den Titel einen der wichtigsten Songs, den sie jemals geschrieben hatte (zusammen mit ihrem Vater, um präzise zu sein, der allerdings im Booklet nicht als Co-Autor genannt wird). Sie komponierte „Dear Mr. President" am Martin Luther King Day 2005. Einem Reporter erklärte sie: „Ich lese täglich die *New York Times* und sehe die Nachrichten. Mich hat das alles absolut angekotzt. Ich hatte einfach das dringende Bedürfnis, einen Song zu schreiben. So ging ich ins Studio und sagte: ‚Ich will jetzt politisch werden.'"

Ende 2006 wurde in Belgien eine akustische Version der Nummer als Download veröffentlicht, aufgenommen bei einem Showcase für den nationalen Sender *Q-music*. Ganze vier Wochen konnte sich diese Fassung auf dem ersten Platz der Ultratop-50-Charts halten. Somit war es der erste exklusiv als Download erhältliche Song, der sich diese Topposition zu sichern vermochte. In Österreich konnte er gleichfalls die Spitzenposition erreichen, in der Schweiz und in Deutschland (hier erhielt er Gold) gelangte er in die Top 5, wohingegen es in den Niederlanden nur zu einer Top-40-Platzierung reichte.

In Großbritannien, wo er auch nur als Download erhältlich war, kam er in die Top 40 (in physischer Form konnten sich die Fans den Track als Import zulegen). In Neuseeland gelangte „Dear Mr. President" auch in die Top 40 und in Australien schaffte er die Höchstnotierung mit dem fünften Platz und wurde damit zum fünften Top-5-Hit von *I'm Not Dead*. Die Single kam in einer speziellen 2-Disc-Version auf den Markt, um parallel die I'm-Not-Dead-Tour Pinks zu promoten.

„Dear Mr. President" erschien zuerst nicht in den USA, da Pink befürchtete, dass der Song als reine Publicity-Aktion angesehen und somit die Wirkung verpuffen würde. Dennoch spielten ihn viele Rundfunkstationen, egal ob er nun als Single erhältlich war oder nicht – so ein Stück ist kaum zu ignorieren. Als dann *I'm Not Dead* im April 2006 veröffentlicht wurde, zog der Titel eine große Aufmerksamkeit auf sich, eben wegen des mutigen Angriffs auf George W. Bush. Der Text spricht viele Themen an: Den Krieg („Let me tell you about hard work/Rebuilding your house after the bombs took it away"), die Obdachlosen („What do you feel when you see all the homeless on the street?"), die Einstellung zur Abtreibung („What kind of father would take his own daughter's rights away?"), den Drogenmissbrauch des Präsidenten („You've come a long way from whiskey and cocaine"), den Krieg im Irak („How do you feel when a mother has no chance to say goodbye?") und die Homosexualität (ironischerweise akzeptierte Vizepräsident Dick Cheney die Rechte der Schwulen und Lesben nicht, obwohl seine Tochter selbst lesbisch ist). In einem Interview mit MTV-News erzählte Pink, dass sie hoffe, dass der Präsident den Song hört und „[er] stolz auf die Tatsache ist, dass wir in einem Land leben, in dem Menschen so eine Kritik aussprechen dürfen, wo wir uns streiten, uns unterhalten, kommunizieren und Meinungen austauschen können".

Ebenso wie auch das Video zur nächsten Single „Leave Me Alone (I'm Lonely)" wurde „Dear Mr. President" auf der I'm-Not-Dead-Tour live aufgezeichnet, in diesem Fall war es der Auftritt in der Londoner Wembley Arena (zu sehen auf der Kauf-DVD *Pink: Live From Wembley Arena*). Bei diesem Clip sieht man Pink mit einer Akustik-Gitarre und den Background-Sängerinnen am Bühnenrand. Während sie den Song singt, werden auf der gigantischen Leinwand hinter ihr Video-Sequenzen gezeigt, unter anderem von getöteten Kindern im Irak-Krieg, Särgen, bedeckt mit amerikanischen Flaggen (ein Hinweis auf die getöteten Soldaten), und Opfern des Hurrikans Katrina.

Als Natalie Maines von dem aus Texas stammenden weiblichen Country-Trio The Dixie Chicks 2003 bei einem Auftritt in London ihre Beschämung über den Präsidenten zum Ausdruck brachte, führte das zu einem Skandal, größtenteils angestachelt von den rechten Medien. Daraufhin boykottierten viele Amerikaner die Konzerte der Gruppe, es gab sogar Anschuldigungen unpatriotischen Verhaltens. Während verschiedener Protestversammlungen wurden auch Platten der Musikerinnen vernichtet. Drei Jahre später konnte Pink den Präsidenten in der Öffentlichkeit zwar weitaus deutlicher kritisieren, stieß damit aber vielerorts auf Ignoranz. Vielleicht lag das daran, dass Pop (und moderner R'n'B) im Vergleich zu Country oder Rock als weniger ‚ernstzunehmend' angesehen werden. Möglicherweise war aber auch der Zeitpunkt gekommen, an dem die Welt die Fehler der Bush-Regierung erkannte und Pink nur noch ein weiteres Rädchen im Getriebe einer massiven, globalen Kritik darstellte, gerichtet an Bush und seine Kumpane.

Die sechste Single, „Leave Me Alone (I'm Lonely)", wurde in physischer Form 2007 in Australien und als exklusive Download-EP in Großbritannien veröffentlicht (zusammen mit „Dear Mr. President" und Live-Versionen beider Titel). Merkwürdigerweise erschien der Song in einigen europäischen Ländern dann im regulären CD-Format. Der Track wurde von BBC Radio 1 in die B-Liste aufgenommen, stieg auf Platz 60 in die Charts ein und gelangte schließlich auf den 34. Platz – Pinks schlechteste Notierung aller Zeiten im United Kingdom. In Australien debütierte das Stück auf Position 11, konnte sich aber auf den fünften Platz hocharbeiten. Auch in Neuseeland schlug die Single in die Top 5 ein und erhielt dafür im Oktober 2008 eine Gold-Auszeichnung für 7.500 umgesetzte Exemplare. Das Video wurde aus Material der I'm-Not-Dead-Tour zusammengeschnipselt und zeigt Ausschnitte der Performances nicht nur von „Leave Me Alone", sondern auch „Stupid Girls", „Fingers", „The One That Got Away" und „U + Ur Hand".

Die siebte und zugleich letzte Auskopplung, „Cuz I Can", vermarktete die Plattenfirma in Australien nur als Download. Sie konnte bis auf den 14. Platz der Digital-Track-Charts klettern. In Neuseeland entwickelte sich die Nummer zur ersten exklusiven Download-Single, die die Charts erreichte. Das australische Fernsehen strahlte das Video erstmalig am 5. Oktober 2007 aus. Erneut griffen die Produzenten in die Mottenkiste und nutzten Material der I'm-Not-Dead-Tour. Pink spielte den Song zur Eröffnung ihrer Show, bei der Tänzer zu sehen waren, die mit militärischer Präzision in Unterwäsche marschierten, während Pink herrisch mit einer Sonnenbrille und einer sehr großen Mütze im Military-Stil über die Bühne stolzierte.

Dass das Video in Australien exklusiv veröffentlicht wurde, machte Sinn, denn von den weltweit über sechs Millionen umgesetzten CDs wurden hier allein 630.000 Einheiten verkauft, was im Vergleich mit den bevölkerungsreichen USA (1.3000.000 verkaufte CDs) ein exzellentes Ergebnis darstellt. Bereits vom Beginn ihrer Karriere an hatte sich Pink in Australien am besten etablieren können und auch *I'm Not Dead*, neunmal mit Platin ausgezeichnet, stand rekordverdächtige 62 Wochen in den Charts. Die sechs Single-Auskopplungen, die es allesamt in die Top 5 geschafft hatten, stellten von daher keine Ausnahme dar. Im Juni 2008 tauchte die CD dann sogar wieder unter den Top 40 auf und war dort noch im November auf dem 15. Platz zu finden. Insgesamt hatte *I'm Not Dead* bis zu diesem Zeitpunkt also 110 Wochen in den australischen Top 40 zugebracht.

Um das Album weiter zu promoten, startete Pink die I'm-Not-Dead-Tour, bei der die Ticket-Preise vor allem in Australien besonders hoch ausfielen. Dennoch wurden „Down Under" 307.000 Eintrittskarten verkauft. Damit brach sie den Landesrekord für das größte Publikum, das jemals die Stadiontour einer weiblichen Künstlerin besuchte. Doch das war erst ein Rekord! In Sydney übertrumpfte Pink ihre Mitstreiterinnen, da es ihr als einziger Künstlerin gelang, sieben aufeinanderfolgende Shows in der Stadt auszuverkaufen. Sony BMG Australien brachte eine spezielle Tour-Edition der CD auf den Markt, die das Album, zwei Bonustracks und eine DVD mit Live-Auftritten und Musik-Videos enthielt. Pink startete ihre USA-I'm-Not-Dead-Tour im Juni 2006 in Chicago und beendete sie nach 20 Shows in Dallas. Der Auftakt zur Europatour fand in Istanbul statt. Nach 52 Auftritten spielte sie den letzten Gig im Dezember in Mailand. Darauf reiste die Sängerin wieder in die Staaten, um Justin Timberlake auf seiner FutureSex/LoveShow zu begleiten.

Auch im Studio ließ Pink sich wieder blicken, da man sie dafür ausgewählt hatte, die Titelmelodie für *NBC Sunday Night Football* zu singen. „Waiting All Day For Sunday Night" klang wie ein gewolltes, aber nicht zu offensichtliches Plagiat von Joan Jetts „I Hate Myself For Lovin' You". Dann nahm Pink eine Coverversion von Rufus' [der Band von Chaka Khan] Soul-Standard „Tell Me Something Good" für den Soundtrack zu dem Zeichentrickfilm *Happy Feet* auf. Zusätzlich erteilte sie PlayStation die Erlaubnis, eine spezielle Sammleredition in Pink für die Promotion der tragbaren Konsole PSP zu vermarkten. 2006 wurde ihr vom *Glamour Magazine* der Preis „International Solo Artist of the Year" verliehen und natürlich durften auch die Australier nicht mit Ehrungen geizen – 2007 gewann Pink den MTV Australia Video Music Award in der Kategorie „Beste weibliche Künstlerin" und gleichzeitig den Nickelodeon Kids' Choice Award als „Bester internationaler Künstler".

Doch der Hype um *I'm Not Dead* schien nicht enden zu wollen! „Long Way To Happy" wurde in einer Episode von MTVs *The Hills* eingesetzt, „Who Knew" fand sich in der Werbung für die ABC-TV-Show *October Road* wieder, der Titeltrack untermalte eine Episode der letzten Staffel von *Charmed* [*Charmed: Zauberhafte Hexen*] und sogar der kontroverse Song „Dear Mr. President" war in der letzten Folge der vierten Staffel von *The L Word* zu hören. Im Dezember 2007 krönte dann eine Sonderausgabe des Albums dessen Erfolgsgeschichte – *I'm Not Dead: Platinum Edition*.

Zu dieser Zeit revanchierte sich Pink bei den Indigo Girls mit einem Gastbeitrag auf dem Album *Despite Our Differences*. Sie sang zusätzlich auf dem Track „I Am Not My Hair" der Künstlerin India Arie, der in dem TV-Film *Why I Wore Lipstick To My Mastectomy* [Alternativtitel der australischen Version: *Lipstick*] von Lifetime Television zu hören war. Für Natalias drittes Album *Everything & More* komponierte sie das Stück „I Will" und zeigte darüber hinaus ihre Kreativität als Co-Autorin des Tracks „Outside Of You", bestimmt für das Album *Dignity* (2007) der Dance-Pop-Diva Hilary Duff. Besonders interessant war die Aufnahme des Titels „Sing", den Pink zusammen mit Annie Lennox und 22 weiteren weiblichen Stars einsang, darunter Madonna, Fergie, Dido und die Sugababes. Er erschien auf Lennox' bitterböse betiteltem vierten Album *Songs Of Mass Destruction*. Wie Lennox auf ihrer offiziellen Homepage erklärt, ist das Stück den an

HIV/Aids erkrankten Menschen gewidmet. Im Dezember 2007 kam ein Box-Set als Special Edition in Australien auf den Markt, welches das zweite, dritte und vierte Album Pinks und die DVD *Live In Europe* enthielt. Mit über 35.000 verkauften Einheiten und einem Platz unter den Top 20 erlangte die Ausgabe Goldstatus.

I'm Not Dead war dem Titel entsprechend „lange am Leben". Fast zwei Jahre tauchte es in verschiedenen Zusammenhängen auf, sicherlich ungewöhnlich für das vierte Album einer Künstlerin, aber ein eindeutiger Beweis von Pinks anhaltender Popularität und ihrer Anziehungskraft auf verschiedene Käuferschichten.

Ungeachtet der gegenseitigen Wertschätzung zwischen Pink und dem australischen Publikum knallte es dann aber zwischen der Sängerin und – kaum zu glauben – den Schafzüchtern! Der Grund dafür lag in einer Kampagne Pinks, die Grausamkeiten gegenüber Tieren anprangerte. Für dieses Thema hatte sich die Musikerin in der Vergangenheit schon oft engagiert. Pink kritisierte nun zusammen mit der Tierschutzbewegung PETA die australische Wollindustrie, da diese das Abreißen von mit Wolle bewachsenen Hautstreifen am Hinterteil des Schafes tolerierte, eine in dem Land übliche Praxis, die den Tieren extreme Schmerzen zufügt. Im Januar 2007 widerrief sie jedoch ihr Engagement bei der Kampagne, da sie angeblich von PETA mit Fehlinformationen versorgt worden war und sich selbst nicht genügend über diese Praxis informiert hatte. Trotz des persönlichen Rückschlags fand sie aber keine Ruhe und kämpfte weiter. So unterstützte sie PETA bei der Werbung für eine Anti-Pelz-Kampagne und trat im August 2007 als Headliner bei einem Konzert der Organisation PAW (Party for Animals Worldwide) in Cardiff, Wales, auf.

Dies nur als zwei Beispiele für Pinks Engagement außerhalb des Rock- und Pop-Universums. Die „hyperaktive“ Frau hat über die Jahre unzählige Wohltätigkeitsprojekte unterstützt. Dazu gehören: „Phoenix Vert“, die „Human Rights Campaign“, die „ONE Campaign“, der „Prince's Trust“, das „New York Restoration Project“, die „Run for the Cure Foundation“, „Save The Children“, „Take Back The Night“, UNICEF und die „World Society for the Protection of Animals“.

Im Mai 2008 wurde Pink offiziell als Sprecherin der RSPCA (Royal Society for the Prevention of Cruelty to Animals) in Australien anerkannt und im Februar des darauffolgenden Jahres teilte sie mit, eine Spende von 250.000 US-Dollar dem „Red Cross Bushfire Appeal“ als Hilfsleistung zukommen zu lassen. Das Geld erhielten die Opfer des Buschfeuers im Bundesstaat Victoria, das zu Anfang des Monats 208 Todesopfer gefordert hatte. Für die Sängerin bedeutete dies, „ein deutliches Zeichen der Unterstützung zu geben“.

Pink setzte sich zusätzlich auch für eine andere Kampagne von PETA ein mit dem Motto „Kentucky Fried Cruelty“, die schon 2001 begann. Das Ziel der Aktionen bestand darin, die „Lebensbedingungen“ der Hühner zu verbessern, die der Fast-Food-Laden für seinen Bedarf züchtete. Neben unter anderem Burger King und McDonald's war KFC somit schon die vierte Fast-Food-Kette, die von der Tierschutzorganisation ins Visier genommen wurde.

Ironischerweise hatte Pink sogar selbst ein Jahr lang in der McDonald's-Filiale ihrer Heimatstadt in Pennsylvania geschuftet. Kurz und knapp erinnert sie sich an den Lebensabschnitt: „Der Job war beschissen.“ Gelegentlich verfolgen sie immer noch Alpträume aus dieser Zeit: „Manchmal träume ich von dem Laden – pleite zu sein und bei McDonald's zu malochen. Es ist fast mein schlimmster Alptraum, da ich niemals, auf gar keinen Fall, dahin zurück will. Ich habe für meine Karriere und meinen Status verdammt hart gearbeitet."

Im November 2006 erklärte Pink in der Sendung *News Of The World*, dass die Pelze tragende Sängerin Beyoncé sie anekelt. Sogar ein Jahr später beharrte sie immer noch auf dieser Meinung. „Ich bleibe dabei, was ich über Idioten, die Pelz tragen, sage, ja!", sprudelte es aus ihr heraus. „Ich verbringe viel Zeit mit der Arbeit für PETA und stehe voll auf der Seite der Tiere. Ich habe mich schon immer für die Rechte der Tiere eingesetzt. Da war mal ein Jahr, in dem ich die Orientierung total verloren hatte. Aber schnell fand ich wieder die richtige Spur. Es macht Spaß, mit PETA zu arbeiten, denn sie setzen einiges in Bewegung. Sie reden nicht nur darüber, sondern handeln stattdessen." Pinks Wunsch besteht darin, einmal ein Tierheim zu eröffnen: „Wahrscheinlich müsste ich es dort eröffnen, wo so eine Einrichtung am dringendsten benötigt wird, wie zum Beispiel in Mexiko oder Puerto Rico." Pink erklärte auch ihre Absicht, einen „voll ausgestatteten Tierarztwagen zur Sterilisierung anzuschaffen". Sie hat die besagten Länder angeschrieben und darüber informiert, dass sie bereit sei, „zu dem Geld, das von der Regierung für ein solches Projekt bereitgestellt wird, noch einmal die gleiche Summe zuzuschießen". Mit Nachdruck sagte sie: „Ich meine das wirklich ernst."

Pink ist kein Mensch, der seine Freizeit gerne mit den Reichen und Berühmten der „glitzernden" Hollywood-Elite teilt. Sie verbringt ihre Ferien am liebsten an abgelegenen Orten und verbindet das, wenn möglich, mit einem „Bildungsprogramm".

„Ich halte mich gerne auf einer Ranch in Kenia oder an anderen entlegenen Orten auf", erzählte sie der Journalistin Louise Gannon. Dorthin reist Pink alleine und nutzt die Abgeschiedenheit, um Kurse in Hypnosetherapie oder Korbflechten zu nehmen. „Manchmal setze ich mich auch nur in den Wagen und tauche dann einfach irgendwo auf. Ab und zu gibt es Momente, in denen ich an einem Kurs teilnehme und plötzlich von einem Typen oder einem Mädchen angeschaut werde und genau weiß, was er oder sie denkt: ‚Das da ist doch Pink, oder?' Aber ich gehöre nicht zu den Leuten, denen es schwerfällt, mit ganz normalen Menschen zu reden." Tatsächlich mag Pink die Gesellschaft einfacher Leute. Aber sie benötigt auch einen Freiraum, den sie nur für sich nutzen will. Eine selbstgewählte Einsamkeit auf Zeit ist für sie eine Art „Schatz" und erfüllt sie mit Freude und einem wohligen Gefühl. „Am meisten genieße ich das Lesen. Ich lese, wann immer sich mir die Möglichkeit bietet. Ich liebe es. Ich habe mir schon mal vorgestellt, in einer Bibliothek eingeschlossen zu sein. Da wäre ich sehr, sehr glücklich."

Pink genießt den Ruf einer Ex-Skatepunkerin, die sich in ein wildes, tätowiertes Rock-Chick verwandelt hat, mit einer Vorliebe für Handfeuerwaffen, heiße Motorräder und einer ehemals ellenlangen Liste Narkotika (wie sie dem *Q*-Magazin erzählte, gehörten in ihrer Jugendzeit nicht nur weiche Drogen dazu, sondern auch LSD, Ketamin, Ecstasy, PCP und Crystal Meth). Doch das ist nur eine Seite ihrer Persönlichkeit, denn die Sängerin befasst sich auch mit esoterischen, feministischen und spirituellen Themen. So sehr sie Partys und das Leben auf großem Fuß liebt, gehören doch auch Phasen der Besinnung und Ruhe zu ihrem Leben. Es gibt kaum etwas, das sie so sehr schätzt wie einen Abend vor dem Fernseher, mit einem Glas Wein in der Hand und Tränen in den Augen, da gerade die Schnulze *Love Story* gesendet wird.

Sie hatte sogar zeitweilig einen Gemüsegarten mit vier Beeten angelegt, in denen Gurken, Tomaten, Melonen, Jalapeño-Peppers, Spinat, Grünkohl und Chili heranwuchs. „Ich habe auch noch Sonnenblumen, Dotterblumen und Kräuter wie Basilikum und Majoran gezüchtet. Ich mag es, mit Gummistiefeln rauszugehen. Da kann ich dann ganz ich selbst sein." Für sie ist es eine „echt punkige" Einstellung, „im Garten die eigenen Nahrungsmittel anzubauen".

Pink hat immer fest daran geglaubt, dass „Taten mehr als Worte sagen". „Ich respektiere Frauen ungemein, die Verantwortung übernehmen, schlau sind, nachdenken und dem Ganzen Aktionen folgen lassen." Aber nicht, dass sie etwas gegen eine friedliche Nabelschau hier und da habe, besonders wenn man die ganzen Ungerechtigkeiten bedenke, die ihr unter die Augen kommen …

„Ich will verstehen, warum jeder jeden hasst", sinnierte sie während eines Interviews mit *The Big Issue*. Besonders wegen der allgemeinen Lage mit all den Kriegen, den ökologischen und finanziellen Krisen macht sie sich ihre Gedanken, ob es verantwortungsvoll ist, ein Kind in eine so raue und feindselige Welt zu setzen. „Es ist sehr entmutigend. Ich möchte jetzt nicht allzu deutlich werden, denn all meine Freunde haben Kinder und ich will ihnen keine Angst machen – aber, ach, scheiß drauf! Verdammt noch mal. Gibt es unseren Planeten überhaupt noch, wenn sie 40 sind?" Die Sängerin hat nichts gegen einen „Madonna-Coup" und kann sich vorstellen, irgendwann ein kleines Kind oder Baby aus einem verarmten Land der Dritten Welt zu adoptieren. „Ich habe viel darüber nachgedacht. Dort leben diese Kids und müssen aus der Armut gerettet werden. Warum sollte man es nicht tun und ihnen ein großartiges Leben ermöglichen? Auf diesem

Planeten leben doch schon so viele Kinder, die Hilfe, Essen und Liebe benötigen."

Pink denkt viel über den Sinn des Lebens nach und ob die ewige Glückseligkeit ein Zustand ist, der zumindest teilweise erreicht werden kann. Sie mag Tagträume, während dabei diese „fette französische Musik läuft", und sehnt sich nach der Zeit, in der sie Psychologie studieren, Geige spielen und Spanisch und Französisch lernen kann. Die Sängerin liebt es zu philosophieren und hat Bücher wie *The God Of Small Things* [*Der Gott der kleinen Dinge*] von Arundhati Roy, *Pillars Of The Earth* [*Die Säulen der Erde*] von Ken Follett und Huston Smiths vergleichende Studie der Glaubenssysteme – *The World's Religions* [*Die sieben großen Religionen der Welt: Eine Wahrheit, viele Wege*] – gelesen. „Ich sitze mit meinen Freunden so rum, trinke Whiskey und wir versuchen dabei, die Wahrheit zu erkennen."

Eine überschwängliche Lebensfreude, Power und knallige Popfarben – alles Synonyme, die auf Pink zutreffen, doch gleichzeitig steht sie für die Verunsicherung eines Teenagers und solipsistische Selbstbeobachtung. Darum wundert es niemanden, dass sie eine Therapie gemacht hat, auch wenn es ihr schwerfiel, die Gespräche ernstzunehmen. „Ich habe entweder gar nichts gesagt oder die Sitzungen ins Lächerliche gezogen. Da gab es einen Therapeuten, der mir erzählte: ‚Ich mag Sie wirklich und denke, dass Sie witzig sind, aber wann beginnen Sie damit, mir die Wahrheit zu erzählen?' Ich antwortete ihm: ‚Gut, ich werde einen Song schreiben und mich dann umbringen.'" Bei Pink „hilft" eine Therapie „nicht wirklich", auch wenn es ihr einen merkwürdigen Kick gibt, sich selbst „in die unangenehmsten [mentalen] Situationen" zu begeben. „Wenn du das Problem benennen kannst, entspannt sich alles."

Pink ist sicherlich ein faszinierendes potenzielles Fallbeispiel für jeden Psychologen. Ihre beiden weiblichen Vorbilder sind die exzessive und anrüchige Janis Joplin und Bette Midler, die Show-Diva des Mainstream. Sie ist der Popstar, der „Stupid Girls" geschrieben hat und von sich selbst behauptete: „Ich bin auch ein dummes Mädchen." Sie ist eine Pazifistin, die in einem Swat-Team trainiert und mit Waffen schießt. Sie ist eine Gesundheitsfanatikerin, die ehemals in einem Fitnessstudio trainierte, ihren Körper aber als Teenager mit Drogen malträtierte. Sie ist eine glühende Verfechterin der persönlichen Selbstverwirklichung und des Rechtes eines jeden Menschen, so zu sein, wie er will, und hat doch gleichzeitig Christina Aguilera und Paris Hilton in der Öffentlichkeit heftig angemacht, weil sie ihre Art und ihren Stil nicht mag. Sie ist die Exhibitionistin, die Madonna bei den MTV Awards 2003 nicht küssen wollte, sodass ihre Rivalin Britney Spears in die Bresche springen musste. Sie ist eine authentische, Motorrad fahrende und männlich wirkende Frau, deren Freunde ihr den nicht ernstgemeinten Ratschlag gaben: „Na los, gib's doch zu, dass du eine Lesbe bist", die aber nur eine in der Öffentlichkeit bekannte Affäre – und das mit einem Mann – hatte. Und sie ist das direkte und gesellige Großmaul, das sich insgeheim lebenslange Beständigkeit, eine stinknormale Beziehung und diese Art von Spießbürgerlichkeit ersehnt, gegen die sie in Doylestown rebellierte.

Na, wenn das nicht ein wirklich interessanter Fall für den Psychiater ist!

KAPITEL 8

DIE ACHTERBAHN DER LIEBE

„Carey weiß, was für ein Psycho ich bin. Er hat sechseinhalb Jahre mit mir verbracht. Ein Jahr mit mir kann eine Ewigkeit bedeuten, denn bei mir ist das Verrückte an der Tagesordnung. Wie sollte es auch anders sein bei einer Frau, die mit einem Rasenmäher auf dem Sunset Boulevard fährt, während die Leute nur noch angenervt mit den Händen herumfuchteln."

Pink hat während ihrer Karriere alle nur erdenklichen Aktionen gestartet, aber nie einen festen Freund gehabt. Bevor sie berühmt wurde, im Alter zwischen 15 und 21, war sie mit einem jungen Vater zusammen, doch die Beziehung zerbrach, als der Erfolg an die Tür klopfte. Die Ursache des Zerwürfnisses war aber in keinem Fall seine Tochter, viel eher war sie der Grund dafür, dass die Beziehung überhaupt so lange bestand, wie Pink dem *Guardian* erzählte, „denn ich fühlte mich nicht besonders glücklich." Jedoch übernahm Pink einen wichtigen Teil der Erziehung des Mädchens. „Es hatte also viel mit seiner Tochter zu tun", gab sie als Grund dafür an, dass sie mit dem Mann länger zusammenblieb, als es eigentlich für sie gut war. „Als wir uns begegneten, war sie drei Jahre alt und ich habe sie, bis sie neun war, großgezogen. Leute bleiben oft wegen der Kids zusammen", erklärte die Sängerin. Auf die Scheidung ihrer Eltern anspielend, ergänzte sie: „Das ist aber nicht immer gesund, wie die Erfahrung zeigte, die ich in meiner Jugend selbst machen musste. Doch ich mochte das Mädchen sehr."

Bis sie schließlich dem Motocross-Profi (und zeitweiligen Inhaber eines Tattoo-Studios) Carey Hart bei den X Games 2001 in

Philadelphia begegnete – das spielte sich übrigens zeitgleich zu der alten Beziehung ab –, stellten sich viele die Frage, wie Pink denn nun gepolt ist. Nicht, dass sie sich diesbezüglich auch nur annähernd schüchtern verhielt, nein, manchmal scherzte sie sogar darüber, sowohl auf Johnny Depp als auch auf Vanessa Paradis zu stehen. Vermutungen waren an der Tagesordnung, dass Pink zumindest bi, wenn nicht sogar lesbisch sei, doch keine dieser Andeutungen juckte sie auch nur im Geringsten: „Mir ist das doch egal. Die meisten meiner Freundinnen sind Lesben. Als ich in der Öffentlichkeit auftauchte, wussten die Leute einfach nicht, ob ich lesbisch, hetero, schwarz, weiß oder was auch immer bin. Ich mochte das – die Tatsache, damit die Leute zu verunsichern."

„Viele meiner Freunde sind schwul und ich bin sicherlich kein Porzellan-Püppchen", erzählte Pink in einem Interview mit *The Big Issue*. „Ich komme maskulin rüber, so ist das halt. Ich fahre ein Bike, meine beste Freundin ist eine Lesbe – mich jucken diese ganzen Rollenbilder nicht." Lesbische Liebe kam für Pink jedoch nie in Frage. „Ich erinnere mich noch gut an meine Teenager-Zeit, denn da gab es so etwas wie Sex gar nicht." In ihrer Jugend stellten sich ganz andere „existenzielle" Probleme, wie sie scherzhaft meinte, etwa: „Gibt es ein Leben nach der High School? Oder soll ich mich jetzt schon umbringen?"

Angesichts ihres durchtrainierten, kräftigen und sehnigen Körpers und der kratzigen, manchmal höhnisch klingenden Stimme („Sie kann einen Clint Eastwood übertrumpfen", schrieb ein Kritiker) wurde Pink regelmäßig als „männlich" beschrieben. Das nervte sie aber nie, ganz im Gegenteil. Zur Vorstellung, männliche Genitalien zu haben, meinte sie: „Mir würde es überhaupt nicht gefallen, wenn da was zwischen meinen Beinen hin- und herbaumelt", wobei sie noch betonte, sehr glücklich mit ihrer weiblichen Identität zu sein, besonders, nachdem sie 25 geworden war. „Ich fühle mich nicht mehr wie ein Mädchen. Ich bin jetzt eine Frau und will lernen, diese ganze Stärke zu nutzen."

Pink war es auch, die die Initiative in der Beziehung zum Motocross-Superstar Carey Hart ergriff, den sie schon seit vier Jahren datete. Die Musikerin wollte einfach mehr. Sie machte Hart einen Heiratsantrag – offensichtlich wegen seiner Charakterstärke und des Durchhaltevermögens im Schlafzimmer: „Die Energie zwischen mir und Carey ist geradezu mit Händen zu greifen. Und es wird immer so sein", erzählte sie dem *Look*-Magazin. „Da sind zwei Alphatiere in einem Raum, die sich einfach nur noch die Klamotten vom Körper reißen wollen. Auch im Bett ist er unglaublich. Darum habe ich ihm wahrscheinlich den Antrag gemacht."

Das geschah Ende 2005 während eines seiner Rennen für The Pit Board Charity in Mammoth Lakes, Kalifornien. Ermutigt durch eine nicht unerhebliche Menge Wodka und Red Bull, hielt sie beim Rennen ein Pappschild hoch mit der Aufschrift: „Willst du mich heiraten?" Auf der anderen Seite stand: „Ich meine es ernst!" Nachdem der Biker mit der Mohikaner-Frisur das gelesen hatte, wäre er beinahe in eine Seitenplanke hineingerauscht. Pink und Hart besiegelten die Ehe am 7. Januar 2006 mit einer Zeremonie bei Sonnenaufgang am Strand von Costa Rica. Für den Gang zum Altar wählte sich Pink als „Hochzeitsmarsch" „She's Always A Woman" von Billy Joel aus, wohingegen das Kleid von einer Designerin stammte, die zuvor schon Britney Spears' Hochzeitsfummel entworfen hatte. Die pompöse Torte krönten Miniaturmodelle von Braut und Bräutigam auf Motorrädern und beide ließen sich das Handgelenk mit einem „Tru Luv"-Tattoo verzieren. Beim Ehegelübde schien sich Hart gedanklich bei der

Flasche schwedischen Absolut-Wodkas zu bedanken, die Pink den Antrag erleichtert hatte. Die Musikerin beschrieb die Hochzeit – bei der die Familien, Freunde und auch vereinzelte Celebrities wie Lisa Marie Presley anwesend waren – als „das beste Wochenende meines Lebens".

Wie nicht anders zu erwarten, bedenkt man die unterschiedlichen Karrieren – Pink musste oft auf Tour und Hart raste mit seinen Bikes im Freestyle um die Welt –, entwickelte sich die Ehe zu einer eher unkonventionellen Verbindung. Dennoch beabsichtigten beide, wie ein ganz normales Pärchen zu leben. Pink fasste ihre Beziehung mit wenigen Worten zusammen: „Ich vertraue ihm." Kurz nachdem sie das Eheversprechen gegeben hatte, erzählte Pink, dass sich nun ihre fürsorgliche, häusliche Seite zeige. Plötzlich hege sie den Wunsch, Muffins für ihren Mann zu backen und einfach so mit ihren Hunden am Strand spazieren zu gehen. „Tief in mir steckt eine Hausfrau, die sich mit aller Gewalt durchsetzen will." Pink glaubt, die größte Fehlinterpretation in der Wahrnehmung ihrer Persönlichkeit bestehe darin, dass sie als eine „total ernste, verbitterte, wütende und angsteinflößende Feministin" gesehen werde. Doch ganz im Gegenteil: „Das sehe ich überhaupt nicht so. Ich möchte ganz einfach nach Hause kommen und in meinem Garten spielen."

Auch konnte sich Pink gemeinsame Kinder mit Hart vorstellen: „Wenn ich Glück habe – wenn es mir gegönnt ist. Eines Tages vielleicht. Aber Carey ist so ein tätowierter Drecks-Biker, da weiß man nie, wann das passiert." Auf die Frage, wogegen denn die kleinen Pink-Harts rebellieren könnten, meinte sie: „‚Hey Dad, Tattoos sind voll eklig!' ‚Hey Mum, ich will Schach spielen! Ich will zum Ballettunterricht!'" Pink freut sich auf diesen Augenblick. „Das wäre echt nett. Solche Kids will ich haben. Ich will kein

Kind, das genauso drauf ist wie ich. Wenn ich ein Mädchen hätte, müsste man mich schnell begraben – oder sie!“

Unglücklicherweise war die Ehe nach der Traumhochzeit nur von kurzer Dauer. Im Februar 2008, nach Monaten wildester Spekulationen, gab das Paar die Trennung bekannt, obwohl Pink noch schnell hinzufügte, dass sie und Hart „Freunde [sind], egal ob verheiratet oder nicht“. Nun begann die Zeit, in der sich die ungewöhnliche Seite der Beziehung zeigte. Es stellte sich heraus, dass die beiden schon längere Zeit in getrennten Wohnungen lebten – er in Las Vegas und sie in Los Angeles –, und sich in der Vergangenheit wegen ihres Jet-Set-Lebens in unregelmäßigen Abständen getroffen hatten. Pinks Pressesprecher kommentierte das: „Diese Entscheidung wurde von guten Freunden gefällt, die gegenseitige Liebe empfinden und sich respektieren.“

Im März 2008, Hart hielt sich in Las Vegas auf, berichteten die Zeitungen von der „Pop-Sängerin, die ihr neugewonnenes Single-Dasein in West Hollywood voll auskostet – sie hängt oft mit Kumpels ab und wurde dabei gesehen, wie sie einen langhaarigen Rocker auf der Bühne angrabschte.“ Die 28-jährige Sängerin konnte auch dabei beobachtet werden, wie sie mit anderen Celebrities (darunter der Schauspieler Michael Rappaport) im Key Club bei einem Auftritt der witzigen, selbstironischen Metal Skool ihren Spaß hatte. Nachdem sie auf die Bühne gesprungen war, „umarmte“ Pink ein „durchgeschwitztes Mitglied der Band, das „seine Haare hoch toupiert trug“ und damit an den Pudel-Metal der Achtziger erinnerte.

Im Juli tauchten auf den Seiten der Regenbogenpresse Storys auf, dass das Pärchen noch eine freundschaftliche Beziehung führt. „Wir kommen immer noch gut miteinander klar“, sagte Pink.

„Wir sind nicht eifersüchtig, aber das liegt vermutlich daran, dass wir beide noch nicht so weit sind, uns mit Freunden oder Freundinnen zu treffen. [Aber] ich bin ja nicht mehr mit ihm zusammen und darum kann er machen, was er will.“ Hart erklärte gegenüber dem *People*-Magazin anlässlich der Eröffnung des Wasted Space, seines neuen Clubs in Las Vegas, der zum Hard Rock Hotel gehörte: „Wir sprechen miteinander, sooft es geht, und versuchen, in Verbindung zu bleiben. Es ist eine verdammt harte Situation, aber ich liebe sie unendlich.“ Er hing sehr an Pink. „Ich vermisse einfach alles an ihr.“ Dann erzählte er, sich nach der Scheidung in einen „Workaholic“ verwandelt zu haben und „19 Stunden pro Tag“ zu schuften. Ihm war klar, dass er sich noch nicht auf eine neue Partnerschaft einlassen konnte: „Ich habe es gar nicht eilig, eine neue Beziehung zu beginnen“, meinte er, immer noch auf eine Aussöhnung mit Pink hoffend. „Was mein Wunschdenken betrifft, würde ich sofort ‚Ja‘ sagen. Die Zeit wird es zeigen.“ Sein Plan bestand darin, die Kommunikation aufrechtzuerhalten: „Wer weiß, was geschieht, wenn wir älter werden … In den nächsten drei Jahren sind wir extrem beschäftigt und so wird es echt hart für uns.“ Zu Kinderwünschen meinte Hart: „Mir läuft [die Zeit davon]. Nach 35 möchte ich keine Kinder mehr. Mein Körper ist jetzt schon kaputt, wer weiß, was in den nächsten Jahren noch so kommt. Ich will ein witziger, junger Vater sein, nicht verkrüppelt und total fertig. Darum möchte ich Kinder, bevor ich 35 bin. Ich will sie!“

In einem Interview mit der *Cosmopolitan* sprach Pink offen über ihre Gefühle nach der Trennung. Sie gab zu, nach dem Kollaps der Ehe sehr enttäuscht gewesen zu sein: „Ich wollte unbedingt diesen Märchentraum und wir konnten ihn nicht verwirklichen.“ Dennoch verspürte sie kein Bedauern und meinte, „jede Sekunde ihres Single-Daseins“ auszukosten. Sie genoss die freie Zeit in ihrem Haus in Malibu, wo sie am Strand trainierte und „mit engen Freunden abhing". Pink wies darauf hin, dass der Single-Status nicht gleichzeitig bedeutet, abstinent zu leben. „Ich mag den visuellen Reiz. Ich mag auch einen Schaufensterbummel!" Die Sängerin hat kein festes „Beuteschema". „Ich habe mich mit scharfen Surfern, dreckigen Rockern und Typen in Anzügen getroffen … Wenn ein Kerl es hat, hat er's. Für mich bedeutet Attraktivität Charisma und eine Art Verbindung, die fast schon spürbar wird – die man anfassen kann." Abschließend bemerkte Pink, sich „im Moment psychisch in einer tollen Situation zu befinden" und fest an das Sprichwort: „Ich habe den Mann ohne Schuhe bemitleidet, bis ich den Mann ohne Füße traf" zu glauben. „Es gibt immer jemanden, dem es schlechter geht, und mir ist klar, wie viel Glück ich hatte."

Ungefähr einen Monat später enthüllte Pink weitere Details ihres Liebeslebens: Sie hatte niemals ein geplantes Date oder arrangiertes Treffen gehabt und mochte es, Männer bei eher ungezwungenen Gelegenheiten kennenzulernen. Trotzdem starteten ihre Bekannten in der jüngeren Vergangenheit nun schon des Öfteren einen Verkupplungsversuch. Sie ließ durchblicken, dass es für sie ideal sei, einem Mann bei einer Show oder einem Barbecue zu begegnen. „Ich treffe überall Typen. Ich gehe halt nicht zu Dates, habe niemals ein Date gehabt. Für mich muss das alles organisch ablaufen, an diese komischen Treffen glaube ich einfach nicht. Ich bin nie zu einer Verabredung in eine Bar gegangen. In der letzten Zeit habe ich manchmal davon gehört, wie sich zum Beispiel ein verheiratetes Paar zum ersten Mal in einem Lokal getroffen hat. Das erstaunt mich wirklich. Vielleicht liege ich ja in dieser Hinsicht ein wenig neben der Spur." Erklärend meinte die Musikerin, dass Dates in der jetzigen Situation sowieso tabu seien, denn sie habe die Trennung von ihrem Ex noch nicht überwunden. „Ich liebe ihn immer noch“, erzählte sie dem *People*-Magazin. „Es gibt niemanden, der so süß ist wie Carey. Ich bin momentan nicht auf der Suche.“ Pink gab auch weitere Details zur Trennung bekannt, die durch einen Streit über die Familienplanung ausgelöst wurde. „Es spielte sich nur zwischen uns beiden ab, war aber keine gemeine und gehässige Auseinandersetzung. Einer sagte halt: ‚Lass uns irgendwann Kinder bekommen, aber nicht jetzt. Lass uns einfach noch warten.‘“

In anderen Interviews nannte Pink verschiedene Trennungsgründe. Sie erklärte, nicht mit der Rolle einer Frau klarzukommen, die in einer Beziehung gefangen ist. „Wir alle übernehmen innerhalb einer Beziehung Rollen“, erklärte sie der Journalistin Gabrielle Donnelly. „‚Ich bin die Frau und du bist der Mann.‘ Tja, bei uns lief diese Aufteilung nicht. Das bedeutet nicht, dass unsere starke Liebe erloschen ist. Da die Rollenverteilung innerhalb der Ehe nicht funktionierte, arbeiten wir daran, geeignete Verhaltensweisen für uns zu finden.“ In einem weiteren Interview führte sie die Trennung auf ihre kapriziöse Natur zurück. „Ich kann verrückt und total abgefahren sein. Bei einem Streit habe ich Carey immer in den Wahnsinn getrieben: ‚Hau ab … komm zurück … verpiss dich … komm bitte zurück.‘ Ich bin ein wandelndes Pulverfass. Und weißt du, was Carey wirklich auf die Palme bringt? Wir streiten uns, er wird wütender und wütender, bis ich dann zu lachen anfange und sage: ‚Hey, komm doch einfach rüber und küss mich.‘ Da schäumt er vor Wut total über!“ An anderer Stelle schob sie die Schuld für das Ende der Partnerschaft den sich reibenden Terminplänen zu, dabei erklärend, dass sie sich manchmal glücklich schätzen konnten, wenn sie sich einmal im Monat sahen. „Über eine Hollywood-Scheidung zu reden, das ist ja so ein Klischee. Aber in der Realität trifft das zu, denn ein vernünftiges Zeitmanagement gelang uns nicht. Und irgendwie blieben diese ganzen organisatorischen Dinge an mir hängen. Ich war es einfach leid, die Zeit-Tusse zu sein."

Trotz des ganzen Geredes über eine gütliche, harmonische Trennung, die „authentische Beziehung" zueinander und die Fähigkeit, sich zu lieben ohne die Besitzansprüche, die eine monogame Beziehung mit sich bringt, tauchten im Sommer 2008 merkwürdige Gerüchte auf. Pink soll wegen der Trennung psychisch instabil geworden sein, so sehr, dass sie sich für Scientology zu interessieren begann, ermutigt durch ihre Freundinnen Kirstie Alley, Lisa Marie Presley und Juliette Lewis, allesamt selbst überzeugte „Jünger" dieser sehr umstrittenen Glaubensgemeinschaft. „Pink beginnt gerade damit, sich mit dieser Religion auseinanderzusetzen", erzählte eine ungenannte Quelle dem amerikanischen *Star*-Magazin. „Sie interessiert sich dafür und will sich näher damit beschäftigen."

Die Berichte und das allgemeine Hörensagen vermittelten den Eindruck, dass die Musikerin sich seit der Trennung von Hart entweder sehr einsam fühlte oder sogar ziemlich durcheinander und verunsichert war. Aber die Fakten ergaben ein anderes Bild. Im August 2008 erschien die brandaktuelle Single „So What" als Anheizer für das fünfte Album. Kurz vor ihrem 29. Geburtstag vermittelte die Musik eine noch unbändigere und extremere Lebenslust.

Irgendwelche Theorien, dass sie sich niedergeschlagen und deprimiert fühlte, wurden von der durchschlagenden Energie ihrer Musik und dem kampfeslustigen Text in alle Winde zerstreut. Der Song beginnt mit einem Witz – einem sehr gelungenen Witz: „I guess I just lost my husband/I don't know where he went." Dann singt sie weiter: „So I'm gonna drink my money/I'm not gonna pay his rent (nope)." Ihre Vocals klingen hart und werden parallel zu dem brachialen Riff gesungen. „I've got a brand new attitude/And I'm gonna wear it tonight/I'm gonna get in trouble/I wanna start a fight." Der Refrain verdeutlichte Durchsetzungsvermögen und Kampfeslust. In klaren Worten singt sie: „So what, I'm still a rock star/I got my rock moves/And I don't need you/And guess what?/I'm havin' more fun." Nicht, dass hier ein eindeutiger Hinweis auf die zerbrochene Beziehung zu Hart gegeben wurde, aber der Kontext ließ stark vermuten, dass Pink mit dem Stück das Gespenst der fehlgeschlagenen Ehe austreiben wollte. „And now that we're done/I'm gonna show you tonight/I'm alright/I'm just fine", wettert sie weiter und bestätigt, dass sie allein mehr Spaß hat und froh darüber ist, nicht mehr als „Werkzeug" des Mannes zu gelten. Der Track wirkte fast wie eine Punk-Pop-Version des Disco-Knallers „I Will Survive", einem weiteren Song aus der Kategorie: „Ich-brauche-keinen-Mann!"

Natürlich – Pink ist nun mal Pink – war das alles aber doch nicht so einfach. Auf ihrer MySpace-Seite hinterließ sie für ihre Fans kurz nach den ersten Radioeinsätzen des Songs einen Hinweis: „Es freut mich, dass ihr das Stück mögt. Und keine Angst – Carey mag es auch. Wir sind halt durchgeknallt."

Schnell wurde klar, dass Carey bereits früh von dem Joke wusste, denn sein Gesicht taucht schon zu Beginn des Videos auf und auch am Schluss! In dem schnellen Clip, mit lustigen Szenen vollgepackt, sieht man Pink beim Stechen eines Tattoos, wie sie ihre Haare versehentlich in Brand setzt und mit einer Kettensäge vor einem Baum steht, in dessen Rinde die Namen „Alecia + Carey", von einem Herz umrandet, eingeritzt sind. Dann streitet sich Pink noch mit einem Verkäufer in einem Musikgeschäft, fährt mit einem Rasenmäher auf einer vielbefahrenen Straße in Los

Angeles und trinkt dabei Alkohol. „Das Video hat absolut Fun gebracht", schrieb sie in ihrem Blog. „Falls ihr jemals die Chance habt, mit einem Rasenmäher den Sunset Boulevard runterzufahren – macht es, ich kann das nur empfehlen."

Pink hatte den Song zu Beginn des Jahres in Stockholm geschrieben, als sie sich so richtig wohlfühlte, da sie „verdammt guten Wein" verdrückt hatte. Konnte „So What" denn nun als autobiografisch interpretiert werden oder war es lediglich pure Ironie? Während der Interviews verneinte Pink den autobiografischen Charakter. Sie sah in dem Song nur wenige Aspekte, die auf wahren Begebenheiten oder Erfahrungen beruhten. Für viele jedoch stellte das Video einen Einblick in die Beziehung zu Carey Hart dar, eine Thematisierung der Trennung und bevorstehenden Scheidung.

Der Clip mag Pink als „Troublemaker" eingefangen haben, aber „So What" kann kaum als ein Versuch interpretiert werden, die Beziehung zwischen ihr und Hart noch weiter zu verschlechtern. Sie hatte ihn einmal als „den einzigen Menschen auf der Welt, der mich total vereinnahmen kann" beschrieben – und tatsächlich: Die letzte Einstellung zeigt das grinsende Pärchen, wobei Pink ganz kurz die Zunge herausstreckt. Gegenüber dem DJ Chris Moyles von Radio 1 erzählte Pink, wie sie Hart zum Dreh überlistete, und stellte klar, dass sie immer noch die besten Freunde sind. „Das war schon brillant. Als wir das Video drehten, kannte er den Song noch gar nicht. Er meinte: ‚Ein Video? Na klar, da mache ich mit.' Er nimmt solche Sachen immer ziemlich locker. Carey weiß, was für ein Psycho ich bin. Er hat sechseinhalb Jahre mit mir verbracht. Ein Jahr mit mir kann eine Ewigkeit bedeuten." Zu den Aufnahmen zu „So What" erklärte Pink: „Das machte verdammt viel Spaß, wenn da auch immer ein trauriger Unterton mitschwang.

Bei mir ist das Verrückte an der Tagesordnung. Wie sollte es auch anders sein bei einer Frau, die mit einem Rasenmäher auf dem Sunset Boulevard fährt, während die Leute nur noch angenervt mit den Händen herumfuchteln. Ich weiß, wie man einen Montagmorgen verbringt." Das „So What"-Video half Pink dabei, eine gesunde Beziehung zu ihrem Ex-Mann aufzubauen. „Es tat uns beiden gut. Wir können immer noch miteinander lachen, uns ankotzen, die Augen verdrehen, mit den Händen wild in der Luft herumwirbeln und dennoch stimmt danach wieder alles – auf eine bestimmte Weise haben wir ein tragfähiges Verhältnis."

Doch es gab noch eine weitere gute und solide Beziehung, nämlich zu Dave Meyers, der bei den wichtigen Aufnahmen zu „U + Ur Hand" und „Stupid Girls" Regie geführt hatte. Er war für das neue Video ausgewählt worden. Für Meyers stellte Pink eine Art Muse dar, denn im Verlauf der Jahre drehte er die Clips zu „There You Go", „Most Girls", „You Make Me Sick", „Get The Party Started", „Don't Let Me Get Me" und auch zu dem Track „Feel Good Time" für den Soundtrack zu *Drei Engel für Charlie*.

Das Video zur 18. Single sollte das lebendigste und schnellste Werk werden, das aus der Pink-Meyer-Schmiede kam. Doch bei einer Szene erblasste sogar die Sängerin. Zwei der Einstellungen wirkten witzig, aber nicht gewagt. Sie zeigen Pink in einer Bar, wie sie von einem blonden Jessica-Simpson-Fan vertrieben wird, und danach, wie sie auf einem Motorrad fährt, das von einem mit aufgeblasenen Kondomen dekorierten Auto überholt wird, in dem ein frisch vermähltes Paar sitzt. Neidisch zersticht Pink die Ballons. Doch dann musste sie eine schwierige Szene drehen. Pink zog sich auf einem roten Teppich aus, umzingelt von Paparazzi, die Fotos davon schossen, wie sie die Choreographie aus dem Michael-Jackson-Video *Thriller* nackt!!! in Szene setzt.

Dieser kurze Ausschnitt sorgte verständlicherweise für das meiste Aufsehen. Zu so einem Shooting musste sich Pink natürlich mit Alkohol Mut antrinken.

„Bei der Szene, in der meine ‚Süßigkeiten' zu sehen waren, fühlte ich mich sehr unwohl", erklärte die Sängerin, bezugnehmend auf ihre entblößten Brüste (die im Video nur verschwommen zu sehen sind). „Ich zog mir einen Hauch von Unterwäsche an, aber ich habe auch eine exhibitionistische Ader. Die Einstellung wurde am zweiten Drehtag um sieben Uhr morgens gedreht und ich kippte einen Tequila. Die erste Aufnahme zeigt Carey und mich beim Biertrinken …"

Als Pink sah, wie enthusiastisch die Single aufgenommen wurde, hat sie sich sicherlich ein weiteres Gläschen eingegossen. Bis zum damaligen Zeitpunkt war es Pinks größter kommerzieller Erfolg, mit Toppositionen in elf Ländern, darunter Australien, Kanada, Deutschland, Irland wie auch den USA und Großbritannien. Der Track kam am 26. August 2008 auf Platz neun der *Billboard* Hot 100, womit ihr der bislang höchste Charteinstieg in den Staaten gelang. Danach arbeitete er sich bis auf den ersten Platz vor, den der Song am 16. September erreichte. Damit konnte die Musikerin ihre beste Notierung als Solokünstler feiern und hatte gleichzeitig solch populäre Nummern wie Kid Rocks „All Summer Long" und „Just Dance" von Lady GaGa hinter sich gelassen. Nun hielt sie das zweite Mal die Pole-Position, berücksichtigt man auch „Lady Marmalade", ihr gemeinsames Projekt mit Christina Aguilera, Mýa und Lil' Kim. Pink hatte ihren neunten Top-10-Hit „eingefahren", zugleich war es der dritte in Folge. In den Vereinigten Staaten konnte das Stück bis dahin zwei Millionen Einheiten absetzen. Auch in Kanada wurde es ein Riesenerfolg und erklomm den ersten Platz der regulären Charts und auch der Digitalen Hitparade.

Am 28. September 2008 stieg der Titel auf Platz 38 in die britischen Charts ein – und das, obwohl er erst zwei Tage lang als Download verfügbar gewesen war. In der folgende Woche erschien das physische Release, „kickte" den Hit „Sex On Fire" der Kings of Leon vom ersten Platz und ließ die Comeback-Singles von Oasis („The Shock Of The Lightning") und Boyzone („Love You Anyway") hinter sich. Pink konnte sich über ihre zweite Nummer 1 als Solokünstlerin im UK freuen („Just Like A Pill" war dort ihr erster Megahit). Doch Superlative sind für die Musikerin kein Fremdwort. Das Stück stellte einen Rekord beim größten Sprung innerhalb der Top 40 der Charts auf – es überwand spielerisch 37 Plätze bis auf die Topposition und übertraf dabei auch den 34-Plätze-Satz von „About You Now" der Sugababes. In Großbritannien verkaufte „So What" in der ersten Woche mehr Einheiten als jede andere Single des Jahres (ausgenommen Duffys „Mercy" und Estelles „American Boy", die noch größere Umsätze verzeichnen konnten). Am 19. Oktober 2008 stand der Titel schon drei Wochen auf dem ersten Platz der Hitparade in Großbritannien. Im Dezember wurde bekanntgegeben, dass „So What" auf Platz 14 der am besten verkauften Songs des Jahres rangierte, 360.000 Exemplare abgesetzt und sich somit einen zweifachen Platin-Status gesichert hatte.

In Australien wurde „So What" Pinks vierter Nummer-1-Hit und stellte zugleich einen Rekord für iTunes auf, denn nur acht Minuten nach der Veröffentlichung hatte sich das Stück den Spitzenplatz gesichert. Auch in Neuseeland war die Glücksgöttin Pink wohlgesonnen, denn mühelos kam ihr Song auf den ersten Rang der offiziellen RIANZ-Charts – weltweit gesehen konnte sich das Land damit rühmen, dass der Titel hier zuerst die Bestnotierung erreichte. Somit führte die Sängerin auch hier zum vierten Mal die Charts an. Das Stück stand fünf Wochen lang ununterbrochen auf Platz 1 und wurde nach nur acht Wochen mit Gold belohnt (für Verkäufe über 7.500 Einheiten). Nach 22 Wochen konnte sich Pink noch eine Platin-Auszeichnung an die Wand hängen, denn mittlerweile hatten sich 22.000 Exemplare verkauft.

In Europa lief die Auskopplung erwartungsgemäß ebenfalls gut. In Schweden stieg der Song auf Rang neun ein (ihr bestes Debüt in den Charts) und kletterte dann sogar bis auf Platz zwei (damit erreichte Pink dort ihre beste Notierung). In Dänemark schoss die Single sofort auf 14 und in Finnland auf Nummer 13. Die Höchstplatzierungen in den Niederlanden und in Belgien erreichte das Stück mit einem vierten Platz und in Österreich und Deutschland sogar mit der Topposition.

Zum Dave-Meyers-Video: Nach der Veröffentlichung im September sprang es auf den ersten Platz der Video-Charts von iTunes – nur 24 Stunden, nachdem es gelistet worden war! Bei der Auswertung der besten 40 Videos 2008 von VH1 rangierte es auf Rang 3, bei Facebook kam es auf Platz zwei der beliebtesten Videos des Jahres. Pinks YouTube-Plattform konnte insgesamt 26 Millionen Clicks verzeichnen – bis jetzt ist es der am meisten gesehene Clip der Seite. Pink trat mit dem Song beim MTV Video Music Award 2008 auf, gleichzeitig wurde die Musik für die Promotion des MTV Video Music Awards Latin America eingesetzt. Auch bei den MTV Europe Music Awards im November 2008 sang Pink den Titel.

Der große Erfolg von „So What" beim Publikum wiederholte sich im Großen und Ganzen auch bei den Kritikern. *Billboard* pries die „mitreißende Strophenmelodie, wie gemacht für Teenie-Chöre im Auto, die es richtig abgehen lassen wollen, und den Hammerschlag des einsetzenden Refrains, der von einer Partymelodie gekrönt wird". Der Journalist bemerkte auch die „unwiderstehliche Klanglandschaft, die den Hörer selbst zu einem Rockstar macht, der über Trennung singt". Das *Blender*-Magazin kommentierte: „Der Text ist ein wenig unreif [‚I'm just fine and you're a tool'], aber die voyeuristische Anziehungskraft erzielt die beabsichtigte Wirkung." Die Macher der britischen Entertainment Webseite *Digital Spy* hörten bei dem Song „[eine] geballte Durchschlagskraft" und „[einen] beeindruckenden Ohrwurm-Charakter" heraus. Dafür gab's dann 5 von 5 Sternen und die Topposition der eigenen Single-Hitparade. Auch der *Rolling Stone* zeigte sich beeindruckt und wählte das Stück immerhin auf den 29. Platz der besten Songs des Jahres. Beim *Time*-Magazin stand „So What" sogar auf dem zweiten Platz der besten Songs 2008. Nur eine Stimme „tanzte aus der Reihe". Der Onions AV Club beschrieb den Track als „so dröhnend und mies, dass die Produktion [ihres nächsten Albums] schon von Beginn an wie verlorene Liebesmüh anmutet".

Der Erfolg von Pinks Hit zeigte sich auch bei den jährlichen Preisverleihungen. Er wurde für den 51. Grammy Award in der Kategorie „Beste weibliche Gesangperformance" nominiert (zusammen mit „Chasing Pavements" von Adele, „Love Song" von Sara Bareilles, „Mercy" von Duffy, „I Kissed A Girl" von Katy Perry und „Bleeding Love" von Leona Lewis) und gewann den Preis in der MTV-Kategorie „Der beste Ohrwurm" und den MTV Video Music Award als „Bestes Pop-Video".

Das Gefühl der Euphorie verstärkte sich für Pink zusätzlich, als Barack Obama zum 44. Präsidenten der Vereinigten Staaten von Amerika gewählt wurde. Dieses historische Ereignis veranlasste sie zum Schwur, niemals mehr „Dear Mr. President", den Hassgesang auf George W. Bush, aufzuführen. Am Abend der US-Wahl gab Pink ein Konzert in London. Dort verkündete sie ihre Absicht, diesen „Kriegsgesang“ dem Publikum zum letzten Mal entgegenzuschmettern. „Heute ist der Tag der Wahl. Oh mein Gott, ich bin so nervös … Wir werden gewinnen und das ist heute hier das letzte Mal, dass ich ‚Dear Mr. President‘ singe.“

„Der nächste Präsident“, fuhr sie fort, „muss ein totaler Überflieger werden oder dieser Song wird noch härter und giftiger kommen.“

Im selben Monat konnten genaue Beobachter die Dämonen erkennen, mit denen Pink immer noch rang, und zugleich das zerrüttete Ich erahnen, das sich hinter dem spritzigen, quietsch-vergnügten Äußeren verbarg. Sie erzählte vom letzten Thanksgiving, einem nicht sonderlich schönen Tag, den sie mit ihrer Familie verbrachte. Schon am Morgen becherte sie mit sechs Freunden Tequila und war eigentlich gar nicht mehr in der Lage, zum Mittagessen zu gehen, denn schon vor 11 Uhr standen drei! leere Flaschen Patron auf dem Tisch. Dennoch schaffte es Pink, zu ihrer Familie zu gelangen. Während des Tischgebets kam es dann über sie. Im volltrunkenen Zustand leerte sie eine Schüssel Süßkartoffeln über den Kopf eines Familienmitglieds. „Ich bin dann im Pool gelandet“, schimpfte Pink, „und hatte beinahe einen Herzinfarkt. Danach zerkleinerte ich Eiswürfel und schnitt mir in die Hand. Ich musste zur Notaufnahme, konnte aber nichts mehr fühlen. Es war irgendwie faszinierend – wenn du so dicht bist und dabei zusehen kannst, wie sie die Wunde nähen.“ Sie erzählte auch von einem „Anflug“ von Pyromanie, den sie hatte, als sie mit ihrem Ex-Mann zu einem Familientreffen ging, obwohl zwischen diesen Ereignissen keine Verbindung besteht. „Ich habe die Küche in Brand gesetzt, weil wir [sie und Hart] nach oben gingen, um einen Quickie zu schieben, und ich eine brennende Kippe auf dem Ofenhandschuh liegen gelassen habe.“

Ungefährt zu dieser Zeit enthüllte Pink der Journalistin Louise Gannon, dass sie einen Spezialisten aufgesucht hatte, auf Grund der Angst, eine Alkoholikerin zu sein. „Mein Problem sind die Laster. Ich habe mich von den Drogen losgerissen, aber manchmal muss ich einfach rausgehen und mich total mit Alkohol abschießen. Das hat etwas mit Kontrollverlust zu tun. Ich bin ein absoluter Kontroll-Freak und mir fällt es schwer, davon abzusehen, wenn nicht irgendwelche chemischen Substanzen in meinen Adern ihr Unwesen treiben. Wie soll man denn Spaß haben, ohne vorher einen gekippt zu haben?" Pink erzählte von einem Aufenthalt auf der Canyon Ranch in Tucson, Arizona, im Sommer 2008, bei dem sie einen Therapeuten aufgesucht und ihm ihre Alkoholprobleme gestanden hatte. Sie las die komplette Handreichung der Anonymen Alkoholiker und redete mit dem Spezialisten. Schließlich dämmerte in ihr die Erkenntnis, keine Alkoholikerin zu sein, sondern „nur jemand, der manchmal gerne einen hebt."

Im November 2009 sorgte Pink erneut für einen Skandal. Eine Fernsehreporterin kündigte ihren Job nach einem desaströsen Interview mit der Sängerin. Einen Monat zuvor verhielt sich Hannah Hodson, so wird behauptet, bei einem Interview mit dem Popstar für den neuseeländischen Sender TVNZ sehr aggressiv. Angeblich soll sie aufgebracht gewesen sein, weil Pink ihrer Schwester gekündigt hatte, die als Assistentin der Musikerin arbeitete. Pink brach das Interview augenblicklich ab, woraufhin ihr Manager versuchte, das Band zu konfiszieren. Nachdem der Zusammenstoß „der besonderen Art" als „verunglückt" bezeichnet wurde, kam es niemals zur Ausstrahlung, auch nicht in der Show *Close Up*. Pink behauptete, dass sie während des Interviews alles nur Erdenkliche versucht habe, um ruhig zu wirken, es aber „verdammt schwierig fand, dazubleiben".

Im Dezember des Jahres erklärte Pink die vielen Tattoos, die ihren Körper schmücken. Ihr Favorit war immer noch das Bildchen mit dem Spruch „What comes around goes around" (eigentlich: „What goes around comes around") [Die Umkehrung des Sprichworts: „Was Du säst, wirst Du auch ernten"], weil das ihrem Lebensmotto glich. Nachdenklich erklärt sie: „Das ist für mich eine unumstößliche Wahrheit. Ich glaube an das Karma, dass das Positive, das man gibt, wieder auf einen selbst zurückfällt. Aber auch negative Taten haben ihre Auswirkungen. Ich habe gesehen, wie tolle Menschen sehr harte Zeiten durchmachen mussten und ihnen dann plötzlich etwas Gutes widerfahren ist. Ich habe rasche Folgen des Karmas beobachtet, aber auch Auswirkungen, die sich erst nach einer ganzen Lebensspanne zeigten – viel davon habe ich selbst erlebt und gefühlt." Pink gehört offensichtlich zu den Menschen, bei denen sich positives Karma akkumulierte, denn ihr stand der größte Erfolg ihrer Karriere noch bevor.

Eine pinke Gitarre, Janis Joplin und Bob Marley zur Inspiration. (F. SCOTT SCHAFER/CORBISOUTLINE)

Pink erhält einen Preis bei den MTV Video Music Awards 2006 in der Radio City Music Hall, New York City.
(FRANK MICELOTTA/GETTY IMAGES)

Der MTV-VJ Damien Fahey und Pink bei einem Auftritt in *Total Request Live* am 5. April 2006 in New York.
(PETER KRAMER/GETTY IMAGES)

Pink in einer Achterbahn, aufgenommen nach dem Dreh des Videos „Who Knew" im April 2006 in Los Angeles.
(FRANK MICELOTTA/GETTY IMAGES FÜR LA FACE RECORDS)

Pink beim Eröffnungskonzert der europäischen I'm-Not-Dead-Tour am 27. September 2006 im Hallenstadion, Zürich.
(GETTY IMAGES)

Pink schwingt die Kettensäge beim Dreh zu „So What" (6. August 2008, Los Angeles). Regie führte Dave Meyers.

(FRANK MICELOTTA/GETTY IMAGES FÜR SONY BMG)

Pink bei der Bekanntgabe der dritten MTV Australia Video Music Awards in der Acer Arena, Syndney. (29. April 2007) (KRISTINA DOWLING/GETTY IMAGES)

Carey Hart und Pink bei den 49. Annual Grammy Awards in Los Angeles im Februar 2007.

(KEVIN MAZUR/WIREIMAGE)

Pink beim Dreh des aktuellen T-Mobile-Spots auf dem Trafalgar Square, London, April 2009. (DANNY MARTINDALE/WIREIMAGE)

Pink backstage bei den MTV Video Music Awards 2008. Die Veranstaltung fand in den Paramount Picture Studios, Los Angeles, statt. (KEVIN MAZUR/WIREIMAGE)

Die Sängerin im Mai 2006. (GEORGE HOLZ/CONTOURPHOTOS.COM)

KAPITEL 9

FUNHOUSE – JAHRMARKT DER GEFÜHLE

„Die Liebe sollte einen Menschen glücklich machen, kann aber manchmal sehr beängstigend sein. So ähnlich wie die Spiegel auf einem Jahrmarkt, in denen man sich total verzerrt sieht, fast bis zur Unkenntlichkeit. Man stellt sich die Frage: ‚Wie bin ich hierhergekommen? Und wie komme ich hier wieder raus?'"

Pinks fünftes Album sollte ursprünglich *Punchbag* [der „Sandsack" beim Boxtraining] heißen. Gerüchten zufolge überlegte sie sogar kurze Zeit, der CD den Titel *Heartbreak Is A Motherfucker* zu geben, aber ihre Plattenfirma lehnte das rigoros ab, aus Furcht, die Gossensprache könnte die Umsatzzahlen drastisch nach unten drücken. Obwohl das Verhältnis zwischen Pink und ihrem Ex Carey Hart seit der Trennung gut war, schien die Sängerin doch noch mit der Idee zu spielen, sich durch die Erfahrung als emotional traumatisiert darzustellen – und das, obwohl sie von ihrem Mann während der Ehe in das sprichwörtliche Bett aus Rosen gelegt worden war.

Trotz des „entschärften" Titels *Funhouse* zeigte sich die ursprüngliche Intention des Albums schließlich noch darin, als eine Art Tagebuch einer insgesamt doch schwierigen Beziehung angelegt zu sein. Das lässt sich leicht an den Titeln ablesen: „I Don't Believe You", „One Foot Wrong", „Please Don't Leave Me", „Bad Influence", „Mean", „It's All Your Fault" und „Boring". Sie alle suggerieren, dass die Texte als sehr lebendige, in ihrer Haltung unversöhnlich anmutende autobiografische Dokumentation einer fehlgeschlagenen Ehe zu verstehen sind. Ein Track heißt sogar „Sober" und spielt, zumindest im Titel, auf ihre Alkoholprobleme an. Der Song „This Is How It Goes Down" strahlt einen Hauch verzweifelter Endgültigkeit aus, wohingegen der Bonustrack „Why Did I Ever Like You" schon vom Titel her alles sagt.

Im Oktober 2008, kurz nach der Veröffentlichung von *Funhouse*, interpretierten die Hörer das Album als Pinks kompromissloses und ehrliches Porträt einer kaputten Ehe und stellten es in eine Reihe mit *Here My Dear*, *Blood On The Tracks* und *Shoot Out The Lights*, den Platten von Marvin Gaye, Bob Dylan und Richard & Linda Thompson, die alle diese Thematik aufgriffen. In einer Presseerklärung zur Veröffentlichung beschrieb Pink es als ihre „dünnhäutigste" CD bislang. Eine Song-für-Song-Analyse unterstrich diese Aussage. „So What" hätte als Opener nicht kampfeslustiger sein können, denn die Sängerin zeigt hier ihre Intention, „eine Auseinandersetzung zu beginnen" (s. Kapitel 8). Musikalisch stimmte der Track den Hörer aber auf alles andere als eine wehmütig und niedergeschlagen klingende selbst-reflexive Haltung ein. „Sober", ein Song der musikalisch „Under The Bridge" von den Red Hot Chili Peppers ähnelt, sollte das nächste Stück sein, das als Single auf den Markt kam (November 2008). Pink beschreibt im Text eine Party, die sie in ihrem Haus gibt. Alle, bis auf sie, sind betrunken und sie wünscht sich, dass ihre Gäste gar nicht da wären. Sie geht zum Strand hinunter, und als die Sonne aufgeht, fällt ihr auf: „How do I feel so good sober?" Der Text vermittelt den Eindruck, dass der Song weniger von den Gefahren des Alkohols handelt, sondern eher eine Anklage gegen den Druck und die Erwartungshaltung von allen Seiten ist. Er deutet das Gefühl an, dass sie die Rolle des ewigen Party-Girls spielen muss und beklagt die Einsamkeit des weltweit aktiven Pop-Stars – weit entfernt von der Heimat und dem Mann, den sie liebt. „I don't wanna be the girl who laughs the loudest/Or the girl who never wants to be alone." Dann wird deutlich, dass Pink Abhängigkeitsverhältnisse und all die Formen anklagt, in denen diese sich zeigen. Sie wünscht sich Autonomie, wie in einem Interview deutlich wird: „Warum kann ich mich auch allein so gut fühlen, ohne jemanden zu haben, bei dem ich mich aufstütze?" Das minimalistische, fast schon bluesige Klagelied zeichnet ein überzeugendes Bild der Situation nach einem Ehestreit, wenn ein Paar den großen Unterschied zwischen Ficken/Kämpfen und der Liebe erkennt. „We come to blows/And every night/The passion's there/So it's got to be right/Right?"

„One Foot Wrong" ist ein weiterer Track, der Pink in einer düsteren Stimmung einfängt. „All the lights are on but I'm in the dark", singt sie, sich die Frage stellend: „Who's gonna find me?" Sie muss sich mit der bitteren Wahrheit auseinandersetzen – dass ihre bessere Hälfte sie nur lieben kann, wenn sie nicht da ist („When I'm gone"). Einige Kritiker interpretierten den Text jedoch als Schilderung eines schlechten LSD-Trips. Pink erzählte während eines Interviews: „Das Stück handelt vom Kontrollverlust, wie leicht es ist, seine Ziele im Leben aus den Augen zu verlieren und plötzlich am Rande einer Klippe zu stehen." „Please Don't Leave Me" basiert auf einer schwermütigen Basslinie, vielleicht inspiriert von einem frühen New-Order-Song. Eine todunglückliche Pink gesteht sich die eigenen Unzulänglichkeiten ein („How did I become so obnoxious?"), greift ihren Freund mit wüsten Beschimpfungen an und wirft ihn dann aus dem Haus. Dann erkennt sie die sadistische Komponente in der Beziehung und fleht ihn an zu bleiben: „I cannot be without you, you're my perfect little punching bag." Die beiden letzten Worte widerlegen die Ansicht, dass Pink mit *Punchbag*, dem ursprünglich vorgesehenen Titel, sich selbst gemeint haben könnte – nein, sie hatte die ganze Zeit Hart im Visier.

„Bad Influence" hätte im Vinyl-Zeitalter vermutlich die erste Seite beendet und ist der erste Track nach „So What" ohne einen deprimierten Unterton. Im Text wird Pink als Frau beschrieben, die eine Party so richtig zum Kochen bringt, dann aber gelangweilt ist, aufsteht und schließlich geht. Der Titel-Track „Funhouse" hält das Tempo des Vorgängers und entfaltet seine Wirkung durch die schneidigen Funk-Rock-Rhythmen. Textlich steht er aber in einer Linie mit dem Grundtenor der „Seite 1". Mit dem Stück werden Vorstellungen von Pink transportiert, die in einem leeren Haus tanzt und deren „Schreie von den Wänden wie Echos zurückgeworfen werden". Der Text enthüllt, dass das besagte Gebäude überhaupt nicht mit Freude und Spaß assoziiert werden kann, sondern von den Geistern einer schon lange verwelkten Beziehung beherrscht wird. Pink entscheidet sich, das Haus anzuzünden und es bis auf die Grundmauern niederzubrennen, um sich so von den bösen Erinnerungen zu befreien. In einem Interview berichtete Pink, dass sie nach der Trennung von Hart nur ein einziges Mal zur einst gemeinsamen Bleibe zurückkehrte.

„Ich konnte dort einfach nicht mehr leben", erzählte sie Louise Gannon. „Ich kaufte mir ein neues Haus am Strand und zwang mich dazu, jeden Tag zu schwimmen – ich musste mich immer mit dieser schrecklichen Panik vor Haien herumschlagen. Es war sehr wichtig, mich einer großen Herausforderung zu stellen, auf die ich mich konzentrieren konnte. Einige Monate später stand ich dann im Studio, das am anderen Ende der Stadt liegt. Es war schon spät und ich musste am nächsten Morgen wieder sehr früh mit den Aufnahmen weitermachen. Zu meinem neuen Zuhause zurück war es eine lange Fahrt, also entschied ich mich, in unserem gemeinsamen Haus zu übernachten. Als ich da ankam, bemerkte ich, dass ich keinen Schlüssel mehr hatte, und kroch dann durch die Hundetür ins Gebäude. Es fühlte sich so merkwürdig an. Natürlich konnte ich kein Auge zumachen. Ich kramte das Hochzeitsalbum hervor, sah mir die Fotos an und begann zu weinen. Ich saß da eine geschlagene Stunde, sprang dann auf und rannte raus. Seitdem bin ich niemals mehr dort gewesen. Wie du siehst, bin ich doch nicht so hart."

Das Foto für das Cover von *Funhouse* schoss Deborah Anderson, die Tochter von Jon Anderson, dem Sänger der britischen Progressive-Band Yes, die in den Siebzigern zu den populärsten Acts des Genres gehörte und immer noch aktiv ist. Anderson hatte Pink schon früher abgelichtet und ließ sich vom Jahrmarktthema inspirieren. Das Cover zeigt eine Aufnahme von Pink, wie sie auf dem Holzpferd eines Karussells sitzt und ihren Spaß hat. Auf ihrem Gesicht zeigt sich ein breites Grinsen, das zu sagen scheint: „Ich bin Single und liebe es!" Es hätte wohl kaum eine deutlichere Aussage sein können!

Pink erklärte damals ihre Beziehung zur Kirmes, die „unheimliche" Stimmung, die sie dort immer verspürte, und warum ein Jahrmarkt als Metapher für das Leben und die Liebe gesehen werden kann. „Clowns sollen Fröhlichkeit verbreiten, sind aber manchmal wirklich beängstigend. Ein Jahrmarkt oder eine Kirmes sollten Spaß machen, aber sorgen oft für eine Gänsehaut. So ist das mit der Liebe und dem Leben auch. Die Liebe sollte einen Menschen glücklich machen, kann aber manchmal sehr beängstigend sein. So ähnlich wie die Spiegel auf einem Jahrmarkt, in denen man sich total verzerrt sieht, fast bis zur Unkenntlichkeit. Man stellt sich die Frage: ‚Wie bin ich hierhergekommen? Und wie komme ich hier wieder raus?' Aber man hat das Gefühl, wieder dorthin zu wollen. Der Jahrmarkt ist eine Metapher für das Leben und das Gefühl, verliebt zu sein." Der Song „Funhouse" handelt für sie von dem Gefühl, „durch die äußeren Bedingungen eingeschränkt und eingeengt zu werden. Reiß die ganzen Mauern ein und bau dir etwas Neues auf."

„Crystal Ball", eine einfache, schmucklose Ballade, die Pink in der Rolle eines akustischen Troubadours zeigt (als wäre sie in den frühen Siebzigern geboren, der Ära der Gegenkultur), war der Track des Albums, auf den sie am meisten stolz ist. „Ich nahm den Song in einem Take auf und wir mischten ihn nicht ab. Er konnte direkt als Master genommen werden. Bei dem Stück steht die Atmosphäre im Vordergrund und nicht die Perfektion oder ein sorgsam poliertes Klangbild. Ich liebe dieses Lied und es hat unglaublich Spaß gemacht, es aufzunehmen." Pink schrieb den Song zusammen mit Billy Mann (der unter anderem auch „Stupid Girls", „Dear Mr. President" und „I'm Not Dead" mitkomponierte). Der Text beschreibt, wie Pink Wein trinkt und von Selbstzweifeln geplagt wird. Sie hat verdammt harte Zeiten hinter sich, würde aber mit niemandem tauschen wollen. „Oh, I've felt that fire, and I, I've burned/But I wouldn't trade the pain for what I've learned." In „Mean" („How did we get so mean?"), einer weiteren bluesigen Rockballade, sehnt sie sich nach den Tagen, als ihr Lover ihr Blumen schickte, auch „wenn du jetzt in meinen Träumen das größte Arschloch bist". Nun verwandelt sich das Liebesgeflüster und wird von Schreien verdrängt. Die Leidenschaft ist erloschen und die Angst taucht auf, dass sie nur zusammen waren, „weil wir Angst vor der Einsamkeit hatten".

„It's All Your Fault" entwickelt sich von einem atmosphärischen Song im mittleren Tempo zum einem explodierenden, überschäumenden Elektro-Rocker. Pink zeigt sich hier atemlos, verzweifelt und verängstigt durch die Aussicht auf eine Zukunft ohne ihren Ex. „I conjure up the thought of being gone/But I'd probably even do that wrong." Sie stellt ihm ein Ultimatum: „I feel like we could be really awesome together/So make up your mind because it's now or never." „Ave Mary A" stellte eine Verbindung her zwischen dem Chaos in Pinks Kopf, dem Stress ihrer Ehe und den Krisenherden dieser Welt. Erwähnung finden Selbstmordattentäter und die Ermordung des Brasilianers Jean Charles De Menezes, der wenige Tage nach den Bombenanschlägen auf die Londoner U-Bahn am 7. Juli 2005 von der Polizei erschossen wurde. Die von einem Piano dominierte Ballade „Glitter In The Air“ klingt eher wie ein Stück von Tori Amos und gar nicht wie ein typischer Song von Pink. Im Text stellt sie tiefgründige Fragen über die Angst und ob sie sich hassen soll, weil sie das Telefon anstarrt und auf einen Anruf wartet, anstatt selbst anzurufen. Pink beschrieb ihre persönliche Situation in Bezug auf das Album wie folgt: „Ich habe immer noch nicht alle Antworten auf die Fragen, die ich auf der Platte stellte – ich bin immer noch dabei, mir über vieles klar zu werden.“

Auf „This Is How It Goes Down“, dem vorletzten Track von *Funhouse*, der bei der Erstveröffentlichung nur auf der UK-Edition erhältlich war, arbeitet sie mit dem Rapper Travis McCoy von der Hip-Hop/Rock-Truppe Gym Class Heroes zusammen. Der Song, eine melodische Rocknummer, wie geschaffen für die Tanzfläche, zeigt Pink in Höchstform. Sie hat ihren Partner beim Betrügen erwischt und giftet rachelüstern: „You will be old, homeless and broken.“ Doch es entsteht der Eindruck, als würde Pink ihren Worten selbst kaum glauben. „Gonna crawl round on your knees/ When you realise that no one's gonna measure up to me.“ Es klingt, als müsste die Protagonistin nicht nur ihn, sondern auch sich selbst überzeugen. Dann quält sie sich selbst und stellt ihm Fragen nach der Geliebten, auf die sie eigentlich keine Antworten haben möchte („Does she purr? Does she make it hard?“). Anschließend hält sie ihm ihre Rachepläne vor Augen, mit denen sie ihn in der Zukunft peinigen wird: „I'm gonna rage/Stay out really late/I'm gonna hang with all my friends you hate/I may try that threesome/Better late than never …“ Bei „Boring“ (die britische CD-Version enthielt den Song, nicht aber die deutsche) denkt die Musikerin über die Zukunft nach und stellt sich ein Leben vor, nachdem die Liebe sie verlassen hat (um Earth, Wind & Fire zu paraphrasieren). Sie zählt alle Männer auf, die sie sich nun „fangen“ kann – vorausgesetzt, sie findet einen geeigneten Partner, denn der Text zählt eine Litanei der Dinge auf (schnelle Autos, das Gefolge eines Rockstars, dicke Klunker), die Pink – oder zumindest das Ich der Nummer – nicht im Entferntesten interessieren.

Pink hatte circa 30 bis 35 Songs für *Funhouse* geschrieben und aufgenommen. Alle Titel waren ihr lieb und wichtig geworden, was sogar so weit ging, dass sie Schwierigkeiten hatte, sich von einigen Tracks zu verabschieden. „Ich hatte das Gefühl, mich von meinen Kinder trennen zu müssen: ‚Dieses liebe ich zwar auch, aber es muss sterben‘“, erklärte sie ihren Stress, die geeigneten Titel für das Album auszuwählen und die anderen ins Archiv zu verbannen. Glücklicherweise gab es immer noch die Option, Non-Album-Tracks auf CDs in verschiedenen Ländern zu platzieren oder als Bonus-Tracks bei Singles zu nutzen. „In unterschiedlichen Ländern wünschen sich die Plattenfirmen Bonus-Songs und B-Seiten, was mich sehr freut, da ich für alle meine Kinder ein neues Zuhause finden kann.“ Eine ihrer frechsten Gören stellte sie der iTunes-Version von *Funhouse* zur Verfügung. „Why Did I Ever Like You“ steht in einer Linie mit den bissigen und giftenden Tracks des Albums. Pink singt mit aggressiver Stimme, dass sie sogar bei einem Erdbeben der Stärke 5.8 auf der Richterskala „immer noch ihren Hass für ihn fühlen kann.“ „Could've Had Everything“ erschien als Bonus auf der australischen iTunes-Fassung (Deluxe) und der US-iTunes-Edition (Deluxe) und erfüllt auch nicht den Anspruch des Frohgesangs. Pink steht mit dem

Rücken zur Wand, wird von all ihren Freunden gemieden und vom Selbsthass zerfressen, da sie das Beste, was in ihrem Leben jemals geschah, zerstört hat.

Und dann gab es da noch „When We're Through", geschrieben gleichsam als B-Seite von „Sober". Hier zeigt sich die Musikerin fast wahnsinnig vor emotionalem Schmerz, nicht in der Lage, etwas zur Wetterlage zu sagen, da sie sich schon lange in einem völlig abgedunkelten Zimmer abgeschottet hat. Sie weint sich in den Schlaf, fühlt sich, als hätte sie „Säure in ihrem Magen", und hört die Musik von Janis Joplin. Doch auch ein schwacher Hauch von Selbstzufriedenheit lässt sich erahnen, denn im Gegensatz zu Janis ist es ihr gelungen, älter als 27 zu werden, eine kleine Genugtuung, glaubt man dem folgenden Text: „Life is just a little part of what the world will do/It brings us to the brink and beats the shit right outta you." Während dieser Zeit hatte Pink noch weitere Songs aufgenommen und komponiert, die auf diese Thematik zugeschnitten waren – „So Clever", „So I", „Leave Me Today", „To Love Me Now", „What Ya Want From Me?" und „Is That The Best You've Got", die einen klaren Hinweis auf die nach außen gerichtete Wut geben.

Für die Aufnahmen und das Songwriting reiste Pink viel herum. So arbeitete sie mit Eg White in London und ließ sich bei Max Martin in Stockholm blicken. Sich an diese Erfahrung erinnernd, erzählte sie in einem Interview: „Es tat mir gut, das Haus zu verlassen und meinem gewöhnlichen Leben den Rücken zu kehren. Keine Ablenkungen. Kein Telefon." Für sie können die Themen des Album auf einen Nenner gebracht werden: „Okay, ich bin ein Arschloch, aber liebt mich trotzdem." Für Pink resultiert die Grundstimmung der CD aus der Aufregung und den Veränderungen, die sie während der Aufnahmen und während des kreativen Prozesses durchlebt hat. „Songs zu schreiben, liebe ich am meisten. Trotzdem hatten alle Alben ihre glücklichen und qualvollen Momente. Ich bin ein defensiver und überlebensorientierter Mensch, aber wenn ich komponiere, taucht eine andere Seite von mir auf – eine verletzliche Seite." Merkwürdigerweise wollte Pink nicht, dass *Funhouse* als eine Art Chronik einer Trennung von den Hörern wahrgenommen wird: „Klar, da sind viele Songs, die eine Trennung zum Thema haben, aber es sind auch witzige und spaßige Texte dabei – darum habe ich das Album *Funhouse* genannt."

Ein erstaunlicher Kommentar, bedenkt man die abwechselnd mal freche, mal von Angst geprägte und mal aggressive Ausstrahlung des Werks, bei dem die wenigen Sonnenstrahlen nur gelegentlich durchschimmern – und das auch meist nur musikalisch und nicht in den Texten. Noch erstaunlicher mutete die Tatsache an, dass Pink und ihr Ex niemals einen Scheidungsvertrag unterzeichnet haben, obwohl es eigentlich geplant war. Aber das verblüffendste Ereignis stand noch bevor. Nach einer der wohl gehässigsten Platten, die jemals in der Welt der Popmusik erschienen, sollten sich Pink und Hart bald wieder zusammenfinden. Vielleicht handelte *Funhouse* doch nicht von Pink selbst und sie spielte auf dem Album einfach nur glaubwürdig die Rolle einer verlassenen Frau? Vielleicht war *Funhouse* ja aber doch autobiografisch und Pink hatte sich durch den Produktionsprozess abreagiert, all die Wut und Verzweiflung kreativ umgewandelt …

Wird die verbitterte Grundstimmung als Maßstab herangezogen, hätte sich *Funhouse* deutlich schlechter verkaufen müssen als vorhergehende Alben. Aber genau das Gegenteil trat ein, denn abgesehen von *M!ssundaztood* verkaufte es sich sogar besser und wurde in einigen Ländern zu einem kommerziellen Höhepunkt ihrer Karriere. In Australien, Neuseeland und Großbritannien (hier verkaufte das Werk am ersten Tag 37.100 Einheiten und lag damit sogar vor Snow Patrols *A Hundred Million Suns*) gab es einen ersten Platz! Im UK konnte sich Pink über ihr erstes Nummer-1-Album freuen, das insgesamt 684.000 Einheiten absetzte und dafür eine Platin-Auszeichnung erhielt. Am 28.12.2008 wurde die Jahresbestenliste der Verkäufe vorgelegt, in der *Funhouse* auf dem neunten Platz rangierte – trotz der Tatsache, dass es nur 9 von 52 Wochen des Jahres erhältlich war. Das Album debütierte in Deutschland, Irland und Frankreich auf dem zweiten Platz, genau wie in den USA (die Topposition blockierte AC/DCs Comeback-Album *Black Ice*). Weltweit konnten 3,5 Millionen Exemplare abgesetzt werden! Die erste Auskopplung „So What" wurde zu Pinks bislang größtem Soloerfolg und eroberte in insgesamt elf Ländern den ersten Platz der Hitparade, darunter in den USA, Großbritannien, Deutschland und Australien. In fünf anderen Ländern gelang ein „Treffer" in den Top 5. Auch „Sober" entwickelte sich zu einer Hit-Single und kam in fast 20 Ländern unter die Top 20, darunter die USA und Kanada. Damit war *Funhouse* das erste Album Pinks nach *M!ssundaztood*, von dem sich die ersten beiden Auskopplungen unter den ersten 20 der *Billboard* Hot 100 wiederfanden.

Wochen, nachdem *Funhouse* aus den *Billboard* 200 gefallen war, gelang dann ein Neueinstieg auf Rang 21, gefolgt von einem Platz 13. Im März 2009 honorierte die RIAA das Werk mit Platin, denn insgesamt über eine Million Exemplare hatten ihre Käufer gefunden. In der Schweiz gelang *Funhouse* bei der ersten Notierung sogleich der Sprung auf die Topposition der Charts. Schon nach der ersten Woche gab es für 30.000 Einheiten Platin. Australien konnte sich eines kleinen Skandals rühmen, denn die Plattenläden ignorierten den festgesetzten Veröffentlichungstermin und stellten die CD einen Tag eher als geplant in die Regale. Nach nur einem Verkaufstag konnte der Silberling den Rang der am viertbesten verkauften CD der Woche erreichen mit insgesamt 86.273 Einheiten (im Jahr 2008 war dies der beste Verkauf einer CD in der ersten Woche). Dafür gab es sogar schon Platin. *Funhouse* hielt sich neun Wochen lang auf der Nummer 1, was bislang nur der Beatles-Compilation *1* gelang (20. November 2000 bis 21. Januar 2001). Schon drei Monate nach der Veröffentlichung war das Album siebenmal mit Platin ausgezeichnet worden. Im April 2009 brach Pink einen weiteren Rekord, denn insgesamt drei Tonträger von ihr tauchten in den australischen Top 50 auf – *Funhouse* (8), *M!ssundaztood* (32) und *I'm Not Dead* (46). Down Under hat Pink den Status einer Ikone inne und erhielt deshalb eine Einladung als Ehrengast zu den ARIA Music Awards 2008 in Sydney. Sie sang „So What", was die Macher der australischen Musikindustrie mit „Standing Ovations" quittierten. In Neuseeland wurde *Funhouse* kurze Zeit später mit Doppel-Platin ausgezeichnet.

Um das Album und die erste Single zu promoten, performte Pink „So What" live bei den American MTV Video Music Awards 2008. Beim britischen Fernsehsender 4Music sang sie mehrere Nummern, darunter „So What", „Sober", „Please Don't Leave Me" und ihren früheren UK-Nummer-1-Hit „Just Like A Pill". Den Song „Funhouse" präsentierte Pink während eines Promotionaufenthalts bei *Sunrise*, einer australischen Show im Frühstücksfernsehen, gefolgt von einem „Secret Gig" in The Metro in Sydney. Für die Werbung zum Album kreierte iPhone eine Applikation. Somit war Pink die erste Künstlerin des Musikbusiness, die auf einer iPhone-App-Plattform eine thematische Werbung hatte.

Im November führte Pink „So What" bei den MTV Europe Music Awards auf. Während des Live-Auftritts schwebten 40.000 Federn auf die Bühne hinunter – zu viele für Pink, die den Satz „And you're a tool, so …" nicht mehr singen konnte, da sie kaum mehr Luft bekam. Im selben Monat sang sie „Sober" bei einer weiteren großen Show, den American Music Awards. Anschließend gab sie zwei unangekündigte Shows, eine im Café Du Paris in London, gefolgt von einem Auftritt in Barcelona. Zur Veröffentlichung des Albums trat sie dann im Bellagio Hotel in Las Vegas auf. Doch nicht nur ihre musikalischen Beiträge standen hoch im Kurs, sie war auch ein gerngesehener Gast bei zahlreichen Talkshows, darunter *The Today Show*, *The View*, *Late Night With Conan O'Brien*, die *Early Show* von CBS, die *Ellen Degeneres Show* und *The Paul O'Grady Show*, letztere in Großbritannien. Pink konnte allerdings nicht persönlich beim Divas-II-Benefit erscheinen, einer Wohltätigkeitsveranstaltung für Brustkrebserkrankte, da sie ja für die American Music Awards verpflichtet war, sie schickte aber die Aufzeichnung eines Songs. Natürlich ließ sich die Musikerin auch in Australien blicken, wo sie „Sober" in der *Australian Idol Verdict Show* zum Besten gab.

Die Besprechungen von *Funhouse* fielen allgemein gut aus. Der *Daily Telegraph* in Sydney beschrieb das Album als „eine ausgewogene Mischung von Pop-Edelsteinen mit positiver Ausstrahlung und Balladen im Midtempo". Als Fazit schrieb das Blatt: „Die Energie von Pinks Popmusik liegt in der schlauen Fusion der fühlbaren Ehrlichkeit bezüglich ihres Lebens und den hymnenhaften Refrains und unwiderstehlichen Melodien, maßgeschneidert zum Mitsingen für ihre Fans." Das *US Magazine* verlieh dem Werk vier Sterne: „Auf ihrer fünften CD gelingt es der rebellischen Grammy-Gewinnerin erneut, ihre beherzten Texte mit perfekten Pop-Rock-Hooks zu verschmelzen. Von dem aggressiven Nummer-1-Hit ‚So What' über das verletzliche ‚Please Don't Leave Me' und die aufrichtige Ballade ‚I Don't Believe You' bis hin zum wütenden

‚It's All Your Fault' verdeutlicht Pink, dass sie sich immer noch einer exzellenten Kampfesstärke rühmen kann."

Die prestigeträchtigen Magazine wie der *Rolling Stone* und *Blender* (Letzteres ist nicht mehr auf dem Markt) schrieben allerdings eher durchwachsene Besprechungen. Der *Rolling Stone*: „Pink hat früher mehr Persönlichkeit gezeigt. Einige Tracks, etwa die sülzige Ballade ‚I Don't Believe You', klingen wie ein Song einer x-beliebigen Chartstürmerin mit kräftiger Stimme. *Funhouse* könnte viel mehr Fun bringen, wenn Pink die trübseligen Love-Songs nicht so ausreizen würde."

In Großbritannien zog der *Guardian* Parallelen zwischen Pinks Album und dem zweiten Album von Iggy Pop & The Stooges, das auch *Funhouse* hieß. „Das muskelbepackte ‚So What' klingt wie ein Titel, der auch von einem weiblichen, poppigen Iggy Pop stammen könnte. Bei dem langsamen, empfindsamen Track ‚One Foot Wrong' lässt sich eine Beziehung, zumindest im Geiste, zwischen Pink und der Popmusik erkennen. Leider folgen auf diesen Sound und das wilde Gebaren eine Reihe gedrückter Balladen, die die Trennung von ihrem Mann thematisieren, aber nichtsdestotrotz ist *Funhouse* ein solides Werk."

An anderer Stelle pries man *Funhouse* wegen der „größeren themastischen Bedeutsamkeit, die weit über jener der früheren Alben liegt", und wegen der „harten und voll einschlagenden Melodien", die Pink zu einem der „beständigsten und zuverlässigsten Solokünstler der Dekade machen". Ein amerikanisches Magazin bejubelte sie als „die Sängerin des Mainstream-Pop, die ihre Seele am deutlichsten zur Schau stellt". Abschließend bemerkte der Journalist: „Pink war niemals cooler – ob sie nun mit der Abstinenz zu kämpfen hat oder sich mit ihrer eigenen Boshaftigkeit konfrontiert. Während der ganzen Songs bewahrt sie sich ihre Heißblütigkeit. Es steht ihren Stimmbändern wie auch dem weiblichen Pop-Genre gut zu Gesicht, dass sich die Musikerin mit dem unvermeidbaren Schmerz auseinandersetzt".

Ebenso wie auch die Vorgänger lieferte *Funhouse* eine ganze Reihe von Hit-Singles. „Sober", die zweite Auskopplung, wurde von Pink als ein „dunkler, trauriger Song" bezeichnet. „Er handelt von den Lastern, die wir uns aufbürden. Mir kam dann diese Idee: ‚Wie fühle ich mich, vollkommen klar und nüchtern?' Ich weiß nicht recht, es ist halt ein sehr, sehr persönlicher Song und eines meiner Lieblingsstücke." Auf der ganzen Welt teilte das Publikum Pinks Ansicht, besonders in den USA, wo der Titel den ersten Platz der Adult-Top-40 erreichte und damit ihr dritter aufeinanderfolgender Nummer-1-Hit wurde. Vorausgegangen waren „Who Knew" bzw. „So What" – und somit konnte Pink mit ihrer Serie einen neuen Rekord aufstellen, denn niemals zuvor hatte es ein Künstler geschafft, mit drei aufeinanderfolgenden Singles an die Spitze zu gelangen. Seitdem generierte der Track in den USA über eine Million Downloads und wurde zum zweiten Millionenseller von *Funhouse*. In Großbritannien stieg der Titel auf den neunten Platz und war gleichzeitig der zweite Top-10-Hit des Albums bzw. ihr 14. Hit, der es dort in die Top 10 der Single-Charts schaffte.

Auf Youtube klickten die Fans das Video zu „Sober" über 20 Millionen Mal an. Regie beim Clip führte Jonas Akerlund aus Schweden (er arbeitete auch mit Madonna bei „Ray Of Light"). Der Streifen wurde Ende September in Stockholm gedreht und zeigt eine schlecht beleuchtete, verdunkelte Partyszene, in der Pinks Doppelgängerin betrunken ist und gleichzeitig mit Typen und Mädchen flirtet. Sie hilft ihrem Alter Ego, als es sich auf der Toilette übergeben muss. Danach sind die beiden beim Liebesspiel zu sehen. Pink sexuelle Abenteuerlust war stets bekannt, aber das Video siedelte ihr polymorphes Verhalten und ihre Experimentierfreudigkeit nochmals auf einer vollkommen neuen Ebene an.

Die Verantwortlichen entschieden sich, „Please Don't Leave Me" als dritte Single zu veröffentlichen. Für viele stellte es das Highlight des kompletten Albums dar und auch *Digital Spy* lobte den Song: „Pinks kratzige Vocals – die Verbitterung und Bedauern kombinieren und transportieren – hinterlassen den größten Eindruck." Diesmal führte wieder Dave Meyers Regie, der schon „Stupid Girls", „U + Ur Hand" und „So What" kunstvoll in Szene gesetzt hatte. Das aktuelle Video war aber zweifellos seine düsterste, an schwarzem Humor reichste Arbeit und erwies sowohl dem auf einem Roman von Stephen King basierenden Film *Misery* wie auch einigen ähnlichen Thrillern Referenz, die auf einer Vorlage dieses Autors beruhten (*The Shining, What Ever Happend To Baby Jane?* [*Was geschah wirklich mit Baby Jane?*] *usw.*). Die Rolle des unglücklichen Mannes übernahm der Schauspieler Eric Lively.

Die Story beginnt in Pinks Haus. Nach einem Streit mit ihrem Freund versucht sie ihn davon abzuhalten, die Koffer zu packen und sich von ihr zu trennen. Er verlässt das Schlafzimmer mit seinen Klamotten. Als er den Treppenabsatz erreicht hat, bettelt sie darum, dass er bleibt. Er aber lässt sich nicht erweichen, dreht sich um und will gehen, rutscht plötzlich aber auf Murmeln aus und fällt die Treppe hinunter. Verschwommen erkennt er Pink, die sich ihm mit einem scheinbar unschuldigen Gesichtsausdruck nähert. Dann wird er ohnmächtig. Als er wieder zu sich kommt, liegt er mit geschwollenem und von Schürfwunden überzogenem Gesicht im Bett und sieht Pink, die eine Art Krankenschwesternkleidung trägt. Sie ist damit beschäftigt, eine seiner Wunden zu nähen. Vielversprechend tanzt sie vor ihm, während er versucht das Telefon zu erreichen, was von Pink damit quittiert wird, dass sie ihm mit einem Golfschläger die Kniescheiben zertrümmert (ein direktes Zitat aus *Misery*). In der nächsten Szene steht Pink in der Küche und bereitet einen Salat zu, dabei „zerstückelt“ sie wütend das Gemüse. Ihr Freund wacht auf und versucht sich durch die Tür wegzustehlen, aber Pink stellt ihn. Es gelingt ihm dann jedoch, die Tür zu öffnen, durch die ihn einer von Pinks Hunden anspringt. Als er wieder aus der Ohnmacht erwacht, blickt er in ihr Gesicht. Sie legt das Make-up eines Clowns auf, während er hilflos an einen Rollstuhl gefesselt ist und langsam panisch wird. Seine Hände sind festgebunden, das Gesicht geschwollen und mit Wunden übersät. Pink schnappt sich den Rollstuhl, dreht ihn blitzschnell um und stößt ihn von einem Treppenabsatz, dabei höhnisch grinsend. Er wird aus dem Stuhl geschleudert und landet in einem Raum, angefüllt mit Gegenständen wie Karussellpferden und verschiedenen Puppen, die aus dem Karneval stammen. Wieder versucht er zu flüchten, aber Pink jagt ihn in die Garage, wo sie sich eine Axt schnappt und ihn damit dann durch das ganze Haus hetzt. Schließlich erreicht er das Badezimmer in der ersten Etage. Im letzten Moment gelingt es ihm, die Tür zu schließen und Pink auszusperren, die mit der Axt wie eine Irre durch den Flur läuft. Als nächstes sieht der Zuschauer, wie Pink die Axt durch die Tür schmettert und dabei ein Loch hinterlässt. Sie blickt mit einem drohenden und gleichzeitig irren Gesichtsausdruck durch die Öffnung. Hier spielt der Regisseur erneut direkt auf einen Stephen-King-Film an – *The Shining*. Der Mann schnappt sich Pfefferspray und sprüht es Pink direkt in die Augen. Blind und wild herumfuchtelnd weicht sie von der Tür zurück, rutscht auf den Murmeln aus und fällt über das Geländer in die Tiefe. In der letzten Szene tragen die Rettungssanitäter den Mann aus dem Haus. Pink liegt mit gebrochenem Bein auf dem Boden, direkt neben ihr die Axt.

Es dürfte wohl niemanden überraschen, dass wegen der brutalen und verstörenden Szenen zwei unterschiedliche Versionen des Videos erhältlich waren – eine zensierte Fassung, bei der alle anstößigen, sadistischen Szenen herausgeschnitten wurden, und der originale Cut. In der „entschärften" Version fehlen die Sturzszene des Mannes, das Nähen der Wunde, der Hundeangriff und die Szene, in der Pink seine Kniescheiben mit dem Golfschläger zerschmettert. Andere Einstellungen, wie zum Beispiel die Aufnahme in der Küche, kürzten die Produzenten. Die Gesichtverletzungen ihres Freundes sind in dieser Fassung nicht so deutlich zu erkennen. Auch werden die Szenen nicht gezeigt, in der sie ihn schlägt und mit dem Beil verfolgt. Darüber hinaus strichen die Verantwortlichen die Einstellung, in der sie mit der Axt ein Loch in die Badezimmertür schlägt und er sie mit dem Spray überrascht. Dennoch wird den Zuschauern der Anblick ihres „Jack-Nicholson-Gesichtausdrucks" gegönnt: „Hier iiiiist Pink!"

Die unzensierte Version des Videos wurde auf 4Music im März 2009 erstmalig ausgestrahlt, aber verständlicherweise zu einem späten Sendetermin. Durch diese visuelle Unterstützung erreichte die Single Platz 12. Damit konnte Pink ihre 17. Auskopplung in den britischen Top 20 platzieren. In den offiziellen australischen Charts debütierte das Stück auf dem achten Platz, nach Delta Goodrems „In This Life" (Einstieg auf Platz 6 im September 2007) war dies die beste Position eines Tonträger in der ersten Woche. In der dritten Woche in den Airplay-Charts hatte „Please Don't Leave Me" die Spitzenposition erobert und war Pinks dritte aufeinanderfolgende Single, der ein solcher Coup gelang. Der Titel stieg in den USA auf Platz 20, was Pink den dritten Chart-Erfolg einer Auskopplung von *Funhouse* bescherte und die sechste Top-20-Platzierung in den *Billboard* Hot 100 Charts in Folge.

In Neuseeland und Australien erschien „Bad Influence“ als vierte Auskopplung – aber nicht offiziell! Der Track wurde für die Radiosender im April 2009 freigegeben. Die Plattenfirma plante das physische Release für den Mai, da in diesem Monat auch die Pink-Tour begann. In beiden Ländern wurde der Song sogleich „rauf und runter“ gespielt. So häufig, dass Pink sich über eine Nummer 1 in den australischen Airplay-Charts freuen konnte. Zwei Wochen lang hielt sich der Song dort, rutschte dann aber ab und kehrte am 6. Juni wieder an die Spitze zurück, nachdem Pinks Tour massive Radioeinsätze nach sich gezogen hatte. In Neuseeland stieg „Bad Influence“ am 18. Mai 2009 auf Platz 33 der Hitparade ein und sprang in der folgenden Woche schon auf die 27. Bislang gab es von offizieller Seite jedoch keine Stellungnahme zu einer Singleveröffentlichung oder einem Video.

Während der Arbeit am vorliegenden Buch, kündigte die Plattenfirma den Titeltrack von *Funhouse* als vierte Single in Großbritannien mit Veröffentlichungstermin am 24. August 2009 an. SonyBMG beschrieb das Video als „den Dreh, der Pink von allen Mitschnitten am meisten Spaß gemacht hat – das Video ist sehr persönlich und die Fans werden von diesem Meisterwerk nicht enttäuscht sein“. Insider-Informationen nach ist das Video „mysteriös“, mit „vielen unerwarteten Begebenheiten“ wie auch Spezialeffekten versehen, darunter die Sprengung eines Hauses. „Dieses Video“, versprachen sie, „wird ein Meilenstein in Pinks Karriere sein.“

Offensichtlich spukte Carey Hart immer noch in Pinks Kopf herum.

KAPITEL 10

HAPPY END?

„Die Wut ist die wichtigste Emotion. Sie ist ein Überlebensinstinkt, den wir fühlen sollten – wir werden dadurch auf einen Kampf oder eine Flucht vorbereitet. Auf die richtige Art und Weise ausgedrückt, ist Wut das gesündeste Gefühl, das man haben kann."

Nach der Party-Tour 2002, der 2004er Try-This-Tour und der I'm-Not-Dead-Tour, einem der erfolgreichsten Live-Spektakel in den Jahren 2006/2007, absolvierte Pink die Funhouse-Tournee, ihre vierte weltweite Konzertreise innerhalb einer Dekade. Ihr Debüt *Can't Take Me Home* als Ausgangspunkt betrachtet, gehörte Pink nun schon zehn Jahre lang zu den populärsten „Lieferanten" von Pop, Rock, Disco, Teenage-Rock und Metal light. Zufälligerweise gab auch Britney Spears, das andere ehemalige, zwischenzeitlich in Nöte geratene Teenie-Starlet, nach Erscheinen ihres Albums *Circus* (Dezember 2008) den Start einer Circus-Tour bekannt, also kurz nachdem auch Pink ihre Absicht erklärte, die Stadien dieser Welt mit karnevaleskem Glanz zu verzaubern.

„Wenn ich gewusst hätte, dass bestimmte andere Personen ihre nächste Tour ebenfalls auf die Magie des Zirkus abstimmen, hätte ich andere Ideen verwirklicht", meinte Pink und stellte bei dieser Gelegenheit gleichzeitig klar, dass sie ja zuerst die Idee propagiert hatte: „Ich hatte mein Konzept schon sechs Monate früher vorgestellt. Mir war dabei wirklich nicht klar, dass es sich um einen Trend handelte, der da gerade ins Rollen kam, denn ich kümmere mich nicht um das ganze Business."

Die Gefahr, dass irgendjemand die Tourneen verwechseln könnte, bestand allerdings zu keiner Sekunde, denn Spears' tanzorientiertes Spektakel ohne Live-Gesang stand im krassen Gegensatz zu Pinks packendem, emotionalem Rock'n'Roll, den sie als eine „zweistündige Gruppentherapie" beschrieb. Die Sängerin baute alles auf der Idee eines Zirkus auf, denn es gefiel ihr, dass Zirkusse „voller Außenseiter und Freaks sind, zumindest aus der Perspektive der ‚Normalos'". Auch sollte das grundlegende Konzept „auf eine bestimmte Art sexy, aufregend, riesengroß und durchgeknallt" sein.

Schon allein die Ticket-Verkäufe für die Funhouse-Tour sprengten alle Dimensionen. Die Tournee wurde am 14. Oktober 2008 in den Medien bekanntgegeben, also zwei Wochen vor Veröffentlichung des fünften Albums. Die Sängerin meinte dazu: „Ich bin so aufgeregt, endlich wieder auf Tour zu gehen. In meinem Knopf drehen sich nur noch die Ideen für die Funhouse-Konzerte. Mal schauen, was da so alles bei rauskommt … Ich kann es gar nicht mehr abwarten." Nach einer scheinbar endlosen Diskussion, ob Pink in den USA auftreten solle oder nicht, ließ ihr Management am 2. April 2009 verlauten, dass das erste Konzert in Seattle stattfinden werde und das letzte in der TUI-Arena in Hannover. Besonders in Australien gab es einen tumultartigen Ansturm auf die Eintrittskarten. Pink konnte ihren eigenen Rekord brechen, denn innerhalb von nur 40 Minuten waren sieben aufeinanderfolgende Shows in Sydney ausverkauft. Das überwältigende Verlangen der Australier, Pink auf der Bühne zu sehen, bedeutete gleichzeitig aber auch noch einen anderen Rekord, denn sie übertrumpfte damit sogar die 35 ausverkauften Shows der I'm-Not-Dead-Tour 2007, bei der 41 Millionen Dollar umgesetzt wurden. Auf der Funhouse-Tour sollte Pink in Australien 58 Konzerte geben und damit eine noch höhere Summe einspielen.

Allein 17 Termine waren für die Rod Laver Arena in Melbourne vorgesehen, was gleichzeitig bedeutete, den Rekord des australischen Pop-Sängers John Farnham für die meisten Konzerte in dieser Location einzustellen. Fünf Prozent der Einwohner Melbournes machten sich also auf, um Pink bei den Auftritten zu sehen. Auch in Sydney konnte sich Pink auf einen riesigen Ansturm der Fans freuen – sie spielte insgesamt 12 Shows, davon 10 im Sydney Entertainment Centre. Insgesamt 115.598 Zuschauer sahen eine überzeugende Künstlerin. Damit war sie nach Kylie Minogue die zweiterfolgreichste Live-Künstlerin in der Stadt und nahm dort am 6. Juni 2009 ihr Konzert für eine DVD auf. In Australien wurden mehr als 600.000 Eintrittskarten für die Funhouse-Tour verkauft, was die Schätzung eines Bruttoerlöses zwischen 56 und 70 Millionen Dollar allein für Australien zulässt. Weltweit verkauften sich circa 2 Millionen Tickets.

Auf den verschiedenen Kontinenten begleiteten Pink mehrere Support-Acts. Bei einigen Terminen in Europa spielte die von Sony/BMG gerade unter Vertrag genommene Band Raygun, die Formation Faker durfte in Australien für sie einheizen und die Ting Tings standen in den USA vor Pinks Spektakel auf der Bühne. Die Show wurde in verschiedene Abschnitte eingeteilt: Das Intro (betitelt „Highway To Hell"), gefolgt von der thematischen Strecke „Rockstar" (hier sang Pink Songs wie „Bad Influence", „Just Like A Pill" und „Who Knew") und einer Sequenz mit dem Titel „Verführung und Liebe", während der sie unter anderem „Please Don't Leave Me", „U + Ur Hand", „Leave Me Alone (I'm Lonely)" und „So What" performte. Um die Stimmung etwas zu „dimmen", folgte dann ein Akustik-/Piano-Set mit Stücken wie „Family Portrait", „I Don't Believe You", „Crystal Ball" und einer Version des traditionellen Folk-Songs „Babe I'm Gonna Leave You", von dem auch Led Zeppelin ein berühmtes Cover auf ihrem Debüt eingespielt hatten (welches sie jahrelang als Eigenkomposition ausgaben). Ein weiterer Teil der Show nannte sich „Welcome To The Funhouse" („Sober", „Funhouse", „Crazy" und eine grelle, schreiende Interpretation von Queens „Bohemian Rhapsody", für die Pink, zumindest in London, eine lustige Seglermütze und einen gelben Gehrock trug – ganz im Stil eines Freddie Mercury). Nach dem Auftritt kam der „Zugabeteil", in dem sie meist „Get The Party Started" und „Glitter In The Air" sang.

Doch die Setlist änderte sich bei einigen Shows. In Antwerpen tauschte Pink „It's All Your Fault" gegen „Don't Let Me Get Me" aus und in Dublin brach sie „I Don't Belive You" in der Mitte des Stücks ab, weil sie den Text vergessen hatte, begann dann erneut mit dem Refrain, bis sie wieder innehielt und sagte, dass sie „den Song nicht mehr singen wolle", woraufhin sie mit Bob Marleys „Redemption Song" weitermachte. Bei anderen Gigs in verschiedenen Städten vergaß sie den Text von „Crystal Ball" und „I Don't Believe You" (zum Beispiel in London am 2. Mai), unterbrach und versuchte wieder, sich an ihre Zeilen zu erinnern. Dem Publikum erklärte sie, der Song sei „‚Stalker-mäßig'", und brauchte dann sechs Minuten, um ihn zu beenden.

Bei anderen Konzerten passierten Pannen bei der Bühnenpräsentation. Bei „Get The Party Started" wurde für jede Show ein Bungee-Stunt geplant, den sie über den Köpfen des Publikums aufführte, jedoch fehlte dieser Teil bei einigen australischen Terminen. In Brisbane, Anfang Juni, riss das Sicherheitsseil während des Stücks und sie baumelte eine ganze Minute lang mitten in der Luft. Die Techniker mussten dann den sogenannten „Seidenfaden" von der Decke des Boondall Entertainment Centres herablassen, an dem Pink, nachdem sie sich aus dem Sicherheitsgeschirr befreit hatte, sicher auf den Boden herabkletterte. Nach dem Konzert postete eine nervenstarke Pink ein Update in ihrem Twitter.com-Blog: „Die heutige Show war beeindruckend. Das Publikum machte begeistert mit – sogar als das Bungeeseil riss und ich den Notabstieg machen musste :). Das hat mir verdammt viel Angst gemacht!!!"

Nach ihren Shows in Glasgow postete Pink einen anderen Eintrag in ihrem Blog und beschrieb die Fans als die lauteste, ekstatischste Menge, die ihr bisher auf der Tour begegnet sei. Auch die Kritiker stimmten in den Beifallschor ein. „Eine Pink-Show ist mehr als ein normales Popkonzert – es ist ein Riesenspektakel, ein Blickfang mit magnetischer Intensität. Sie präsentierte ein einfach hypnotisierendes Konzert", schwärmte der *Aberdeen Evening Express*. Die gesamte schottische Presse konnte sich für Pink auf der Funhouse-Tour erwärmen: „Pink kann rocken, das wird klar. Sie hat die Mitgröhlsongs, die Stimme und eine spritzige Ausstrahlung", schrieb *The Glasgow Herald* und gab der Show vier Punkte. In Irland schrieb der *Independent*: „Als ein in der Luft wirbelnder Daredevil macht Pink keine schlechte Figur, aber wenn sie erst einmal mit beiden Füßen auf den Bühnenbrettern steht, zieht sie das Publikum unwiderruflich in ihren Bann." *Im Express & Star* stand: „Der Gesang klang perfekt, sogar wenn sie über der Bühne hing und sich mit rasender Geschwindigkeit in ihrem Gurtzeug drehte."

Auch das deutsche Publikum zeigte sich sichtlich beeindruckt von Pinks Fähigkeit, die Töne zu halten und gleichzeitig in der Luft zu schweben: „Zuerst wird sie bis an die Hallendecke hochgezogen und fliegt dann über die Köpfe des Publikums hinweg. Die amerikanische Künstlerin singt mit einer Qualität, die viele ihrer Kollegen noch nicht mal erreichen, wenn sie einfach nur still dastehen", schrieb der Reporter der *Rheinischen Post*. In Melbourne berichtete ein Online-Autor vom „Konzert-Spektakel“, bei dem Pink von einem Trapez herabhing, in Wasser getaucht wurde und dann noch eine Riesenrutsche hinunterraste, ohne auch nur einen Ton zu vermasseln: „Eine Pink-Show ist immer ein Riesenerlebnis“, fuhr er fort und lobte dabei den Einsatz gigantischer Videowände, der Background-Tänzer und einer coolen zweiten Bühne für das eher intime Akustik-Set, das in der Mitte der Show auf dem Programm stand. „17 ausverkaufte Konzerte in Melbourne und viele weitere Shows in Australien – das ist ein sicherer Beleg für ihren Beliebtheitsgrad in diesem Land.“

Als Pink dem Riesenpublikum direkt in die Augen blickte, war sie vollkommen verblüfft. Die Sängerin schaute an einem Abend auf 20.000 tobende Fans in dem gigantischen O2-Auditorium in London und hauchte atemlos: „Verdammte Scheiße.“ Sie spielte dort ganze drei beeindruckende Shows im Mai 2009! Trotz der 20 Millionen verkauften Tonträger schien sich Pink ihrer Popularität nicht bewusst gewesen zu sein. Auch war sie sich über die bunte Mischung des Publikums nicht im Klaren. Caroline Sullivan vom *Guardian* berichtete: „Dort sieht man weibliche Pärchen, sehr junge Typen, Heranwachsende mit ihren Eltern, und viele der Mädchen tragen Ballettröckchen, wie auch Pink auf dem Cover der aktuellen CD.“ Sullivan beobachtete Pink beim Tanzen und wilden Schütteln ihrer Kurzhaarfrisur. Die Reporterin wagte die Vorhersage, dass „Britney und Beyoncé in den nächsten Wochen hier auftreten, aber weniger Spontaneität und viel weniger Charme zeigen werden“. Sie berichtete über Pinks musikalischen Schwerpunkt, den sie eher beim Rock als beim Pop sah, ohne dabei den Gitarristen Spankster zu vernachlässigen, dessen „wilde Mähne und Präsenz dem Ganzen eine raue Seite gibt“. Sullivan hatte den unumstößlichen Eindruck, dass Rockmusik „zu ihrer starken Stimme, den Tattoos und dem burschikosen Erscheinungsbild passt“. Die Journalistin bemerkte aber auch eine andere Seite an ihr, die des theatralischen Showgirls. Jeder Song baute auf einem visuellen Thema auf. Beispiele dafür waren die Hände, die aus einem Sofa heraus auftauchten und die Sängerin bei „I Touch Myself“ begrapschten, die angedeutete Kissenschlacht bei „So What“ und die graziösen Salti rückwärts bei „Sober“. „Was für eine atemberaubende Show“, resümierte die britische Zeitung mit Begeisterung. „Wer hätte das gedacht?“

Und wer hätte daran geglaubt, dass sich Pink und Carey Hart wieder versöhnen – während der Funhouse-Tour, nach all dem Wirbel und der Aufregung, nicht zu vergessen den Wahnsinn eines Albums wie *Funhouse*? Zu Beginn 2009 schien aber genau das in den Sternen zu stehen. Schon lange wusste man, dass sich Pink und Hart nicht offiziell hatten scheiden lassen. Nun tauchten Nachrichten auf, dass das Paar nach Australien reiste, wo Carey mehrere dreistündige Motorcross-Stunts in Sydney, Melbourne, Brisbane und Newcastle aufführte, die zeitlich perfekt mit Pinks zahlreichen Konzerten zusammenfielen.

Pink erzählte dem *Daily Telegraph*: „Wir sind auf jeden Fall wieder zusammen.“ Mit einem verschmitzten Lächeln fuhr sie fort: „Wir haben uns nie offiziell scheiden lassen – dieser ganze Schreibkram nervt uns nur.“ Ihr „neuer“ Lover berichtete von der Reise auf den fünften Kontinent: „Es ist einer der ersten Schritte – wir müssen eine Gelegenheit finden, unserer Arbeit nachzugehen und uns gleichzeitig so oft wie möglich zu sehen. Nach Australien zu reisen und vier Monate lang auf Tour zu sein – das verspricht eine aufregende Zeit für uns zu werden.“

Schon zu Beginn des Jahres zeichneten sich eine Versöhnung und ein Neubeginn ab. Genau gesagt seit dem 31.12.2008, an dem Hart und Pink in seinem Club in Las Vegas zusammen gesehen wurden. Er eskortierte Pink zur Bühne, stieß um Mitternacht mit ihr an und wünschte allen ein frohes, neues Jahr. Nach der Ansprache spielte Pink ein kurzes Konzert im Wasted Space. Vor dem 30-minütigen Auftritt hatte man sie und ihren Mann in der VIP-Lounge zusammen mit Freunden abhängen gesehen. Berichten zufolge sollen die beiden „nicht viel miteinander geredet haben, aber kurz vor Mitternacht schnappte sich Carey seine Frau, brachte sie zur Bühne und sagte einige Worte“. Nach dem Kurzauftritt verzog sich Pink wieder in den VIP-Bereich und feierte mit den Freunden. Um ungefähr zwei Uhr morgens verließ sie den Club.

Im vorhergehenden Oktober erzählte Pink, dass sie und Hart trotz der Trennung „beste Freunde“ seien. 2009 erklärte sie, „keine miesen Gefühle“ gegenüber ihrem Ex zu haben. Es schien überhaupt zwischen den beiden wieder zu funken. Sie fuhren zusammen Motorrad, joggten und kletterten in und um Los Angeles. „Nach dem Workout schlenderte das Pärchen Arm in Arm die Straße entlang. Sie konnten den Blick nicht mehr voneinander losreißen und neckten sich mit einem Scheingefecht“, berichtete ein Reporter der örtlichen Klatschpresse.

Die Musikerin gab später ein wenig flapsig zu, dass sie ein Teil von Harts Leben sein wolle, auch wenn das bedeute, „ihn bei der nächsten Hochzeit als Trauzeugin zum Altar zu begleiten“. Trotzdem machte sich Pink nichts vor und erinnerte sich an die Schwierigkeiten in der Beziehung und bei der Trennung. „Es ist ein ständiges Auf und Ab. Da gibt es diese tollen Momente, aber auch wieder problematische Situationen. Das macht mich nicht fertig, denn ich habe immer meine Freiheit.“ Pink erzählte, schon seit frühester Kindheit eine kampfeslustige Göre gewesen zu sein, und beschrieb aggressive Songs wie „So What“ als Teil eines psychischen Reinigungsprozesses, der bei ihr gemischte Gefühle hinterlässt. „Die Wut ist die wichtigste Emotion. Ich habe vor einigen Monaten an einem Kurs teilgenommen, der ‚Demystifiziere die Wut' hieß. Sie ist ein Überlebensinstinkt, den wir fühlen sollten – wir werden dadurch auf einen Kampf oder eine Flucht vorbereitet. Auf die richtige Art und Weise ausgedrückt, ist Wut das gesündeste Gefühl, das man haben kann."

Angesichts ihrer chaotischen Beziehung bezeichnete ein Magazin Pink und Hart als „die neuen Pammy und Tommy", jedoch ohne Sex-Video und die gigantischen, aufgeblasenen Brüste. Die *Us Weekly* berichtete, dass Hart in Pinks Haus in Malibu eingezogen sei. Eine ungenannte Quelle verriet dem Magazin: „Pink ist wieder Hals über Kopf in Carey verliebt und will es noch einmal versuchen … Es hat eigentlich nie einen Schlussstrich gegeben. Sie haben einfach eine Auszeit von ihrer Ehe genommen, da beide nicht damit klarkamen, sich fast nie zu sehen. Pink gab aber nie die Hoffnung auf, dass es wieder klappen könnte." Darum habe Pink auch den Song „So What" in der Zwischenzeit komponiert, „einen Song über den großen Loser Hart und darüber, dass sie sich ohne ihn viel besser fühlt", resümierte das Magazin mit unverhohlenem Zynismus.

Im Februar 2009 versuchte Hart alles nur Erdenkliche, um mit Pink auf einer Wellenlänge zu schwingen – er ging dabei sogar so weit, dass er sich für PETA engagierte und die neue „Anti-Pelz-Kampagne" als männliches Pin-up auf Plakaten unterstützte. Auf dem Poster – es wurde in seinem Club in Las Vegas enthüllt – reckte er den tätowierten Oberkörper in die Kamera. Er stand vor seinem Motorrad, trug eine rote Kappe und hielt die Hände gekreuzt vor seinem Body. Sein Name stand in Tintenblau unter dem Slogan „Ink, Not Mink" [Tinte ja, Nager nein]. In einem

Interview mit PETA hatte Carey erklärt, dass seine Frau ihn ermutigt habe, sich für den Tierschutz zu engagieren.

Im selben Monat machte sich auch Pink für PETA stark, indem sie und der britische Comedian Ricky Gervais sich für eine Anti-Pelz-Kampagne mit dem Titel „Stolen For Fashion“ zur Verfügung stellten. In dem 30-sekündigen Fernseh-Spot lieh Pink ihre Stimme einem gehäuteten Alligator, während Gervais den Part eines Kaninchens ohne Fell sprach. Pink enthüllte das Anzeigenplakat zusammen mit ihrer Freundin Stella McCartney, einer Designerin, die bekannt dafür war, bei ihren Modekollektionen auf tierische Materialien zu verzichten.

Zu dieser Zeit ereignete sich ein unerwarteter Zwischenfall. Während einer Modenschau Stella McCartneys zog der Rapper und Superstar Kanye West Pinks Wut auf alle Pelzträger auf sich. Pink, Stella, ihr Vater Paul (der Ex-Beatle, der sich ebenfalls nach Kräften gegen Tierquälerei einsetzt) und der Vize-Präsident von PETA waren alle anwesend. West begann dann plötzlich davon zu reden, dass mehr Pelze in die Modekollektion integriert werden sollten. Pink ließ sich jedenfalls den Mund nicht verbieten und giftete später: „Kanye ist jemand, der mich gerade total ankotzt. Die ganze Zeit quatschte er so ein Zeug, dass sie mehr Pelze in der Show zeigen sollten. Er konnte einfach nicht die Klappe halten und schwärmte unentwegt von Pelzen. Meine Güte, der knallt das mir, einer Anhängerin von PETA, und auch Paul McCartney an den Kopf. Das war widerlich. Ich dachte nur: ‚Du bist ein totaler Idiot.‘ Es gibt so viele Leute, bei denen die Haut einer Verschwendung gleichkommt, und er steht ganz oben auf der Liste. Vielleicht sollte ich ihn mal tragen.“ Pink konnte nicht verstehen, warum der Rapper solche protzigen, unpassenden Bemerkungen vom Stapel gelassen hatte, stellte aber Vermutungen an: „Er wusste mit Sicherheit, was er da tat. Vielleicht musste er uns alle auf die Palme bringen – oder er machte einen auf Alpha-Männchen-Superstar, der mit seinem Wissen über Pelze so beeindrucken wollte, dass ihm nicht mehr klar war, wen er da überhaupt vor sich hatte. Hey, der Typ ist wirklich so was von selbstbezogen."

Doch zurück auf den Pink-Hart-Liebesplaneten! In einem Interview mit dem Magazin *Speed Freaks* im März 2009 erzählte Hart, dass er und Pink ihre „Dates" haben und wieder versuchen, alles in die richtigen Bahnen zu lenken: „Manchmal muss man einige Schritte zurückgehen, um vorwärts zu kommen." In einem Interview mit einem australischen Radiosender erklärte Hart, dass das Paar gezwungen war, „erwachsen zu werden", um ihre Ehe zu retten, und dass beide Partner erst während der Trennung lernten, wie sie miteinander leben können. „Im letzten Jahr mussten wir mit rasender Geschwindigkeit erwachsen werden. Keine Beziehung ist perfekt. Wir sind fast ein Jahr auseinander und beginnen jetzt damit, alles zu kitten. Die persönliche Reife ist ein wichtiger Teil dieses Prozesses." Hart verdeutlichte auch seine Wertschätzung für Pinks „Talent und Engagement" während ihrer gesamten Karriere, obwohl er selbst nicht so einen geraden Weg gegangen ist. Er wechselte vom Motocross zu einer Disziplin namens „short core truck racing", einer Art „Supercross für Rennwagen".

„Ich bewundere Pinks Hingabe an die Fans und die Fähigkeit, solche beeindruckenden Live-Shows zu inszenieren", meinte er. „Sie wird wohl nie so viele Platten verkaufen wie Britney Spears, aber das Mädchen bringt verdammt viele Alben unter die Leute. Sie ist einfach außergewöhnlich."

Im April 2009 wurde es hinsichtlich der Beziehung zwischen Pink und Hart wieder ernst, denn sie dachten darüber nach, ihr Eheversprechen zu erneuern. Ein enger Freund von Carey bestätigte die Neuigkeiten und stellte in einem Statement fest: „Sie sind sehr glücklich und verbringen viel Zeit zusammen." Dem Freund zufolge lag der Grund für die Trennung, „in ihren Karrieren, die sie beide sehr in Anspruch nehmen. Aber sie haben niemals aufgehört, sich zu lieben … Zwischen ihnen bestand immer eine Verbindung, aber sie benötigten eine Auszeit, um sich darüber klarzuwerden, ob sie die Ehe fortsetzen wollen. Sie haben sich immer innig geliebt und wollten an der Ehe festhalten." Vielleicht erklärt das auch den Golfschläger in dem „Please Don't Leave Me"-Video?! Zwischenzeitlich wurde sogar schon über eine Zeremonie nachgedacht, die, einer Quelle zufolge, „bei Sonnenaufgang am Strand hinter dem Haus der beiden in Malibu" abgehalten werden sollte. „Sie soll zu Beginn des Sommers stattfinden, sehr einfach und klein werden. Nur ihre Familien und einige wenige Freunde werden eingeladen."

In einem Interview, das Pink zum Zeitpunkt der Trennung im Februar 2008 gab, äußerte sie sich über ihre Ehe: „Da lief nichts schief. Er soll eines Tages der Vater meiner Kinder sein, aber ich bin selbst noch nicht bereit dafür. Ich will meine Dates haben, noch wie ein junges Mädchen feiern und leben." Nun, drei Jahre nach der Hochzeit, dachte sie über eine zweite Zeremonie mit Hart nach, schien aber selbst ein wenig verwirrt darüber zu sein. „Ich weiß gar nicht, wie ich auf die Idee mit der zweiten Hochzeit kam. Irgendwie flog mir das so zu. Wir sind aber auf jeden Fall wieder zusammen."

Die Auszeit der beiden spielte sie herab und meinte: „Wir haben uns gegenseitig zu schützen versucht – davor, total verliebt zu sein, sich ganz zu öffnen, verletzlich zu sein. Dadurch haben wir uns um die wahre Liebe gebracht, um die Möglichkeit, etwas zu lernen und mit einem anderen Menschen zu wachsen. In Wahrheit war die Trennung schädlich, aber man denkt immer, dass Distanz die Situation entschärfen könnte. Nun würde ich jedem raten, einfach in das Ganze einzutauchen, sich sinken zu lassen. Absolut – das bringt einen nicht um."

Zur Aussicht auf „Wiederverheiratung" sagte Pink: „Wir wurden niemals vor dem Gesetz geschieden. So konnten wir uns auch dafür entscheiden, wieder zusammen zu sein." Ihre neuen Vorbilder seien die coolen Schauspieler-Paare Tim Robbins und Susan Sarandon sowie Kurt Russell und Goldie Hawn. „Das sind Leute, die sich entschieden haben, die ganze Zeit miteinander zu verbringen, ganz einfach, weil sie es wollen. Irgendwelche Etiketten und Verhaltensmuster waren nie unser Ding und so springen wir kopfüber in den leeren Swimmingpool."

Auf die Frage nach *Funhouse* und dem aggressiven, bissigen Charakter vieler der Songs gab Pink eine ehrliche Antwort. Sie versuchte erst gar nicht, die Frage abzuschmettern oder vorzutäuschen, dass sie alle negativen Emotionen negiert hatte. „Ich habe immer noch Wut. Es ist sehr einfach, wieder an diesen Punkt zu kommen. Mir fällt es nicht schwer, mich emotional wieder in diese Zeit zurückzuversetzen."

Da Pink nun mal Pink ist, schien alles möglich zu sein. Sogar als die geheimen Vorbereitungen für die „zweite Hochzeit" auf Hochtouren liefen, sprach sie in der britischen Presse offen und unverblümt über ihre Bisexualität. „Mir ist meine Bisexualität überhaupt nicht peinlich. So bin ich nun mal. Liebe ist Liebe und nach diesem Credo will ich mich verhalten. So bin ich nun mal, das fühle ich. Eigentlich müsste man sich nicht großartig über dieses Thema unterhalten, aber ich glaube, es ist noch dümmer, es zu verschweigen. Scheinbar ist die Bisexualität ein Trend, den ich aufgreifen sollte, damit er von der breiten Öffentlichkeit wahrgenommen wird. Aber ich glaube nicht an Trends, ich glaube nur an mich."

Äußerst kontrovers erscheint der folgende Kommentar, den sie zur „Neuauflage" ihrer Beziehung mit Carey Hart gab. Man kann sich zu gut vorstellen, was er dazu gesagt hätte. „Ich wäre auch mit einer neuen Frau sehr glücklich. Ich bin nicht kompliziert, singe über die Liebe in all ihren Facetten, Formen und Farben und lasse alles ehrlich raus. Meine Texte handeln von ganz normalen, alltäglichen Dingen wie der Homosexualität und leider auch der Homophobie, die damit einherzugehen scheint." Mutig wie immer, erklärte sie ihre Sorglosigkeit gegenüber möglichen Konsequenzen solch direkter und eindeutiger Kommentare, verneinte aber Gerüchte, dass sie eine besondere Beziehung zu einer Frau gehabt habe. Auch mit der folgenden Äußerung sorgte Pink mal wieder für Verwirrung: „Ich bin nicht lesbisch und vermute mal, dass ich darum nie eine Beziehung zu einer Frau ausprobieren werde." Doch ein Argument für Männer rangierte über allen anderen Überlegungen: „Ich steh auf einen Penis."

Lesbisch, hetero oder bi – Pink scheint all diese geschlechtlichen Neigungen in sich zu vereinen. Sie knutschte sogar den für sein androgynes Auftreten berühmt-berüchtigten britischen Comedian Russell Brand – natürlich nur in einer Filmszene. Es war bei den Dreharbeiten zu dem Film *Get Him To The Greek*, einem Sequel von Brands Kassenschlager *Forgetting Sarah Marshall* aus dem Jahr 2008. In dem Streifen sah man Kussszenen mit Christina Aguilera, mit der neuen Teen-Pop-Sensation Katy Perry (sie hatte gerade mit „I Kissed A Girl" einen Riesenhit gelandet) und mit Pink. „In der Szene mit Pink und Katy Perry musste ich den aktiven Part beim Küssen spielen“, erklärte der Witzbold. „Ich habe sie beide an einem Tag abgeknutscht! Katy Perry ist einfach lieb. Sie ist so lebensfrohes Mädchen, übersprühend und aufgekratzt – ein wahrer Wirbelwind. Auch Christina beeindruckte mich. Unglaublich – ein perfektes Sexobjekt. Über was könnte man sonst mit ihr reden als über Sex?“ Zu Pink meinte er: „Sie ist eine liebenswerte Frau – eine starke, sexy Frau.“

Pinks dominante Sexualität lässt sich nicht verleugnen, aber ihr widersprüchliches Verhalten 2009 kann auch nicht abgestritten werden. Verwirrt? Eine gespaltene Persönlichkeit? Durchgeknallt? Natürlich kann sie immer als, na ja, exzentrisch beschrieben werden. Sie ist die Frau, die im Juni 2009 erklärte, einen ihrer geliebten Hunde, eine Bulldogge, einen Privatjet fliegen zu lassen. „Ich möchte, dass meine Bulldogge einen Privatjet fliegt“, meinte sie und enthüllte dabei, dass sie ihn schon einmal während eines Flugs an den Steuerknüppel ließ. Pink muss offensichtlich mit Problemen beim Reisen kämpfen. Nachdem sie eine Jacht im Mittelmeer gechartert hatte, zog sie es ernsthaft in Erwägung, in suizidaler Stimmung ins Meer zu springen. Warum? „Weil ich einfach nicht mit dem Kapitän klargekommen bin. Wir fuhren bei starkem Seegang da draußen auf dem Meer. Ich wurde seekrank und konnte es kaum mehr aushalten. Ich nahm mein Lieblingskleid in die eine, ’ne Flasche Wein in die andere Hand, bereit, ins Wasser zu springen und zu sterben. Glücklicherweise konnte mich Carey davon abhalten und beruhigen.“

Der Wahnsinn schien Pink im Sommer 2009 auf Schritt und Tritt zu verfolgen. Im selben Monat gelang es einem fanatischen Fan, die Security zu umgehen, um sich Zugang zu der Suite des Stars im exklusiven Palazzo Versace in Queensland zu verschaffen, das sie mit Carey Hart während der Australien-Tournee bewohnte.

Pink war entsetzt, als sie herausfand, dass ein Fan ihre Privatgemächer gefunden und eine Notiz unter der Tür hindurchgeschoben hatte, mit der dringenden Bitte, den Popstar am Wochenende zu treffen. Daraufhin checkte sie früher als geplant aus und bezog ein anderes, sicheres Hotel in der Stadt.

Doch das war nicht der einzige Schock. Pink musste eine Version ihrer Hit-Single „So What“ über sich ergehen lassen, die von den Finalisten der amerikanischen TV-Show *American Idol* präsentiert wurde. Die ersten 13 sangen ihre Fassung des Titels am 20. Mai, also in der letzten Folge des Gesangs-Contests. Acht Jungen und fünf Mädchen stellten sich bei dem Auftritt in komplett weißem Bühnenoutfit vor die Kameras. Pink kommentierte das auf ihrer Twitter-Seite: „Mir kam zu Ohren, dass letzte Nacht mein Song im Fernsehen durch den Wolf gedreht wurde … bedeutet dass, ich habe es geschafft? Alles Liebe, Pink.“

In diesem Sommer musste Pink viele Dinge kommentieren, aber eigentlich gab es nie eine Zeit, zu der sie vorsichtig, zurückhaltend und schüchtern agierte – möglicherweise war dies ein Schutzmechanismus, der mit dem Status als prominente Künstlerin einhergeht. Vielleicht konnte sie auch ihre Persönlichkeit nicht verbergen – laut, harsch, impulsiv und mit einer gleichzeitigen Neigung zum Narzissmus und Nihilismus. Einige Jahre zuvor hatte sie in einem Interview mit dem *Q*-Magazin von einem ihrer Hunde berichtete, den sie „Wanker“ [Wichser] getauft hatte. Der Reporter stellte sich die Frage, ob es nicht peinlich wirke, wenn sie Wanker auf einer überfüllten Straße oder am Strand rufen müsse.

„Verdammt, nein“, antwortete sie, ernsthaft erstaunt über solch eine Frage. „Für andere mag das peinlich sein. Als ich noch in Venice Beach lebte, habe ich ihn absichtlich, was weiß ich,

400 Meter weglaufen lassen, dann ‚Wanker!‘ gerufen und schon kam dieser kleine, süße Jack Russell an. Ich mag Menschen nicht so sehr – darum halte ich Hunde. Die Realität kommt mir oft ziemlich verdreht vor, denn ich nehme schon lange nicht mehr am normalen Leben teil.“

Für Pink ist ihr Leben irreal – und einsam – trotz des Ruhmes, der Erfolge und der Verehrung von Millionen Fans.

„Ich weiß nicht, warum die Leute immer meinen, man könnte nicht unter Tausenden von Menschen einsam sein. Ich bin es. Es ist die menschliche Natur. Damit möchte ich nicht sagen, dass es immer schlecht ist; ich kann dadurch Songs schreiben. Ich bin froh darüber, wenn es mir schlechtgeht. Scheiß drauf!“

Pink erzählte dann noch etwas über ihre Trinkgewohnheiten und erwähnte, dass sie nicht zu den „Kotzern“ zählt. „Mir wird's dann schwindelig und ich muss ins Bett. Tatsächlich habe ich letzte Nacht davon geträumt, dass sich der ganze Raum um mich herum dreht – vielleicht lag das auch nur daran, dass ich vorher gesoffen hatte!“

Der Journalist stellte die Frage, an wen sie sich bei schwierigen Problemen wende. „Ich habe fünf oder sechs großartige Freunde. Wenn mir irgendein Scheiß passiert, kann ich mit meiner Muter reden, würde aber wahrscheinlich eher meinen Vater anrufen. Ich sagte einmal zu ihm: ‚Dad, du bist 58 und ich 24. Hast du dir schon mal klargemacht, was dieser ganze Scheiß soll? Wie merkst du, dass du wirklich zufrieden bist?‘ Er antwortete: ‚Hey Süße, das weiß man nie. Das Leben ist eine Reise ohne Ziel.‘ Ich konnte dann nur noch sagen: ‚Verflucht! Ich mache all dieses Zeug und fühl mich dabei überhaupt nicht gut.‘“

Weiterhin erklärte sie dem Reporter: „Diesen ganzen Mist, den ich gemacht habe – bei einigen Dingen fühle ich mich gut, aber erst lange, nachdem sie geschehen sind. Wenn sie tatsächlich passieren, denke ich nur: ‚Das war gar nicht so toll, wie ich es mir vorgestellt hatte.' Ich habe dabei immer so ein körperloses Gefühl, als würde ich neben mir stehen und mich beobachten."

Danach wurde Pink gefragt, was für sie eine gute Zeit sei. „Vielleicht zu Hause zu sitzen und mir einen Film reinzuziehen? Essen gehen, tanzen, ein paar Knarren abfeuern …"

Schließlich gab sie ihre vielen Schwächen zu, eine davon das fehlende Selbstvertrauen, die andere, eher unausgesprochen, ihre schizophrenen Tendenzen.

„Ich war immer unsicher, habe aber nie die Klappe gehalten. Alles rauslassen – mit voller Fahrt abgehen. Ich wollte immer beweisen, dass andere im Unrecht sind, und das hat mir selbst viele großartige Möglichkeiten eröffnet. Alles was ich sage und mache, daran glaube ich. Ich weiß, dass es mit mir nicht einfach ist – besser als jeder andere. Aber weißt du was? Versuch mir einen Knebel in den Mund zu schieben, fessle mich – aber ich werde meine Klappe nicht halten und mich auch nicht brav in die Ecke setzen."

Nein, das wird die Power-Frau sicherlich nicht!

DANKSAGUNGEN

Obwohl das Buch nicht autorisiert wurde, haben mir verschiedene Mitarbeiter von Pinks Plattenfirma bei der Recherche geholfen, besonders Chris Latham und Fun Cheung. Sie erst ermöglichten mir meine Arbeit und erwiesen sich als unschätzbare Hilfe, da sie mir den Zugang zu dem riesigen Berg von Presseausschnitten der Sony/BMG verschafften wie auch dem Füllhorn rarer und obskurer australischer Sonderpressungen ihrer CDs. Ich möchte mich ferner auch bei meinen Kindern bedanken – Ben, Ethan und Talia –, die während des ersten Halbjahrs 2009 gezwungen waren, nichts anderes als Pink zu hören, wobei sie viel, viel lieber die CDs von Throbbing Gristle und Destiny's Child in den CD-Player eingelegt hätten. Zum Schluss, wie immer, möchte ich Chris Charlesworth von Omnibus Press danken, dessen Geduld aufs Äußerste beansprucht wurde, da ich ständig den Abgabetermin verschob. Er behandelte mich so, wie Pink mit ihren Männern umgeht – wie ein Kavalier. Wahrscheinlich.

DISKOGRAFIE/FILMOGRAFIE

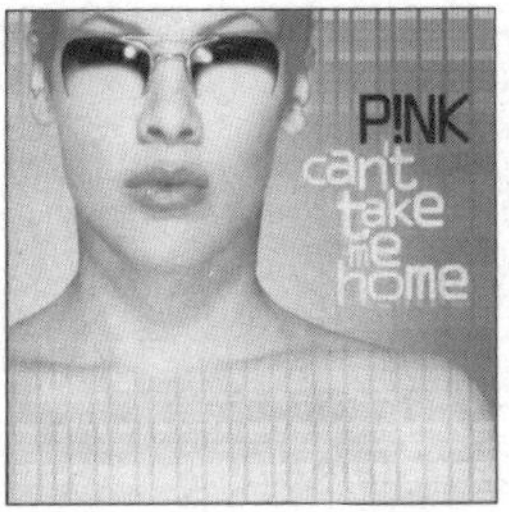

CAN'T TAKE ME HOME (2000)

Split Personality (Terence „Tramp Baby" Abney, Babyface, A. Moore), Hell Wit Ya (Kevin „She'kspere" Briggs, Kandi Burruss, D. Green, Moore), Most Girls (Babyface, D. Thomas), There You Go (Briggs, Burruss, Moore), You Make Me Sick (B. Dimilo, Anthony President, M. Tabb), Let Me Let You Know (N. Creque, S. Hall, C. Stewart, Robin Thicke), Love Is Such A Crazy Thing (J. Boyd, D. Jones, M. Keith, L. Maxwell, Q. Parker, M. Scandrick, C. Sills), Private Show (K. Karlin, A. Martin, I. Matias, C. Schack, L. Schack), Can't Take Me Home (Steve „Rhythm" Clarke, Moore), Stop Falling (W. Baker, Moore, P. Woodruff), Do What U Do (J. Hollins, E. Lewis, K. Prather, M. Sinclair), Hiccup (D. Avant, Steve „Rhythm" Clarke, Moore), Is It Love (Steve "Rhythm" Clarke, Moore, A. Phillips)

M!SSUNDAZTOOD (2001)

M!ssundaztood (Linda Perry, Pink), Don't Let Me Get Me (Dallas Austin, Pink), Just Like A Pill (Austin, Pink), Get The Party Started (Perry), Respect (Perry, Pink) featuring Scratch, 18 Wheeler (Austin, Pink), Family Portrait (Pink, Scott Storch), Misery (Richie Supa) featuring Steven Tyler, Dear Diary (Perry, Pink), Eventually (Perry, Pink), Lonely Girl (Perry) featuring Linda Perry, Numb (Austin, Pink), Gone To California (Perry, Pink), My Vietnam (Perry, Pink)

TRY THIS (2003)

Trouble (Tim Armstrong, Pink), God Is A DJ (Billy Mann, Jonathan Davis, Pink), Last To Know (Armstrong, Pink), Tonight's The Night (Armstrong, Pink) featuring Peaches, Oh My God (Armstrong, Merrill Nisker, Pink), Catch Me While I'm Sleeping (Linda Perry, Pink), Waiting For Love (Paul Ill, Brian MacLeod, Perry, Pink, Eric Schermerhorn), Save My Life (Armstrong, Pink), Try Too Hard (Perry, Pink), Humble Neighborhoods (Armstrong, Pink), Walk Away (Armstrong, Pink), Unwind (Armstrong, Pink), Love Song (Damon Elliott, Pink)

I'M NOT DEAD (2006)

Stupid Girls (Pink, Billy Mann, Robin Mortensen Lynch), Who Knew (Pink, Max Martin, Lukasz Gottwald), Long Way To Happy (Pink, Butch Walker), Nobody Knows (Mann, Pink), Dear Mr. President (Pink, Mann) featuring die Indigo Girls, I'm Not Dead (Pink, Mann), Cuz I Can (Pink, Martin, Gottwald), Leave Me Alone (I'm Lonely) (Pink, Walker), U + Ur Hand (Pink, Martin, Gottwald, Rami), Runaway (Pink, Mann), The One That Got Away (Pink, Mann), I Got Money Now (Pink, Mike Elizondo), Conversations With My 13 Year Old Self (Pink, Mann), I Have Seen The Rain (Pink, Mann, Christopher Rojas) featuring James T. Moore, Heartbreaker (Pink, William Wells, Kara DioGuardi), Fingers (Pink, Greg Kurstin, Cathy Dennis)

FUNHOUSE (2008)

So What (Pink, Max Martin, Shellback), Sober (Pink, Nathaniel Hills, Kara DioGuardi, Marcella Ariaca), I Don't Believe You (Pink, Max Martin), One Foot Wrong (Pink, Francis White), Please Don't Leave Me (Pink, Max Martin), Bad Influence (Pink, Billy Mann, Butch Walker, Macho-Psycho), Funhouse (Pink, Tony Kanal, Jimmy Harry), Crystal Ball (Pink, Billy Mann), Mean (Pink, Butch Walker), It's All Your Fault (Pink, Max Martin, Shellback), Ave Mary A (Pink, Billy Mann, Pete Wallace), Glitter In The Air (Pink, Billy Mann), This Is How It Goes Down (Pink, Billy Mann), Could've Had Everything (Pink, Eg White), Why Did I Ever Like You (Pink, Greg Wells), Boring (Pink, Martin, Shellback)

SINGLES

1998
Gonna Make Ya Move (Don't Stop)

2000
There You Go
Most Girls

2001
Lady Marmalade
(mit Christina Aguilera, Lil' Kim und Mýa)
You Make Me Sick
Get The Party Started

2002
Don't Let Me Get Me
Just Like A Pill
Family Portrait

2003
Feel Good Time (mit William Orbit)
Trouble

SINGLES

2004
God Is A DJ
Last To Know

2006
Stupid Girls
Who Knew
U + Ur Hand
Nobody Knows
Dear Mr. President (mit den Indigo Girls)

2007
Leave Me Alone (I'm Lonely)
Cuz I Can

2008
So What
Sober

2009
Please Don't Leave Me
Bad Influence

Live In Europe: Try This Tour 2004 (2006)
Tracks: Intro, Can't Take Me Home, There You Go, Split Personality, Most Girls, Lady Marmalade, I Wanna Rock, Don't Let Me Get Me, 18 Wheeler, Family Portrait, Just Like A Pill, Respect, My Vietnam, Misery, Eventually, Summertime, Me And Bobby McGee, Piece Of My Heart, Higher State Of Consciousness, Feel Good Time, God Is A DJ, Oh My God, Trouble, Last To Know, Try To Hard, Unwind, Welcome To The Jungle, Get The Party Started

Pink – Live From Wembley Arena (2007)
Tracks: Opening, Cause I Can, Trouble, Just Like A Pill, Who Knew, I'm Not Dead, Stupid Girls, Spanish Dance, There You Go, God Is A DJ, Fingers, Family Portrait, The One That Got Away, Dear Mr. President, What's Up?, U + Ur Hand, 18 Wheeler, Don't Let Me Get Me, Leave Me Alone (I'm Lonely), Nobody Knows, Get The Party Started

Pink – A Life Less Ordinary (2009)
Doku

Pink's Funhouse Tour: Live In Australia (2009)
Tracks: Bad Influence, Just Like A Pill, Who Knew, Ave Mary A, Don't Let Me Get Me, I Touch Myself, Please Don't Leave Me, U + Ur Hand, Leave Me Alone (I'm Lonely), So What, Family Portrait, I Don't Believe You, Crystal Ball, Trouble, Babe I'm Gonna Leave You, Sober, Bohemian Rhapsody, Funhouse, Crazy, Get The Party Started, Glitter In The Air, Fighter

Klaus Janke
Süße Rebellen
Die Mando Diao Story
hannibal

ROCKSTARS AUF DROGEN

Ein Riff ohne einen Spliff? Bei Hendrix, John Lennon, Keith Richards, Amy Winehouse & Co undenkbar!

„Sirius' schräger Schreibstil, der ein Patent verdient hätte ... auf den Punkt gebrachte Anekdoten von Hip-Hop-Stars. Gutes, schnelles Lesevergnügen!“ *Booklist*

„... enthält unschlagbare Stories von Rockstars auf Drogen.“
Village Voice (Michael Musto)

R. U. Sirius
Stoned!
Rockstars auf Drogen
Aus dem Englischen von Alan Tepper
Broschur
Format 21 x 14 cm
272 Seiten mit zahlreichen Fotos
ISBN 978-3-85445-308-6